So sind sie, die

Engländer

Antony Miall
David Milsted

Die Fremdenversteher

Impressum

Antony Miall, David Milsted
So sind sie, die Engländer

erschienen im
Reise Know-How Verlag Peter Rump GmbH
Osnabrücker Str. 79, 33649 Bielefeld

© der deutschsprachigen Ausgabe Reise Know-How Verlag Peter Rump GmbH 2017
1. Auflage 2017

Alle Rechte vorbehalten.

Titel der englischen Originalausgabe:
Xenophobe's® guide to The English
© Xenophobe's® Guides Ltd.

Deutsch von Arlind Junkermann

Gestaltung
   Umschlag: Franziska Feldmann (Layout), der Verlag (Realisierung)
   Inhalt: Günter Pawlak, FaktorZwo (Layout), der Verlag (Realisierung)
   Zeichnungen: Gunda Urban und Franziska Feldmann

Redaktion
   Thorsten Altheide

Druck und Bindung:
   Media-Print, Paderborn

Printed in Germany

ISBN 978-3-8317-2872-5
ISBN epub 978-3-8317-4847-1
ISBN mobi 978-3-8317-4848-8

Dieses Buch ist erhältlich in jeder Buchhandlung Deutschlands, der Schweiz und Österreichs:
Bitte informieren Sie Ihren Buchhändler über folgende Bezugsadressen:
Deutschland
Prolit GmbH, Postfach 9, D-35461 Fernwald (Annerod) sowie alle Barsortimente
Schweiz
AVA Verlagsauslieferung AG, Centralweg 16, CH-8910 Affoltern am Albis
Österreich
Mohr Morawa Buchvertrieb GmbH, Sulzengasse 2, A-1230 Wien

Wer im Buchhandel trotzdem kein Glück hat, bekommt unsere Bücher auch über:
www.reise-know-how.de

Inhalt

Nationalgefühl & Identität 5

Charakter 14

Haltungen & Werte 18

Verhalten 29

Manieren & Etikette 36

Bräuche & Traditionen 40

Obsessionen 44

Freizeit & Vergnügen 49

Sinn für Humor 58

Gesundheit & Hygiene 63

Essen & Trinken 66

Kultur 70

Systeme 75

Verbrechen, Strafe & Gesetz 78

Die Regierung 82

Geschäftsleben 87

Die Sprache 90

Konversation 93

Die Autoren 96

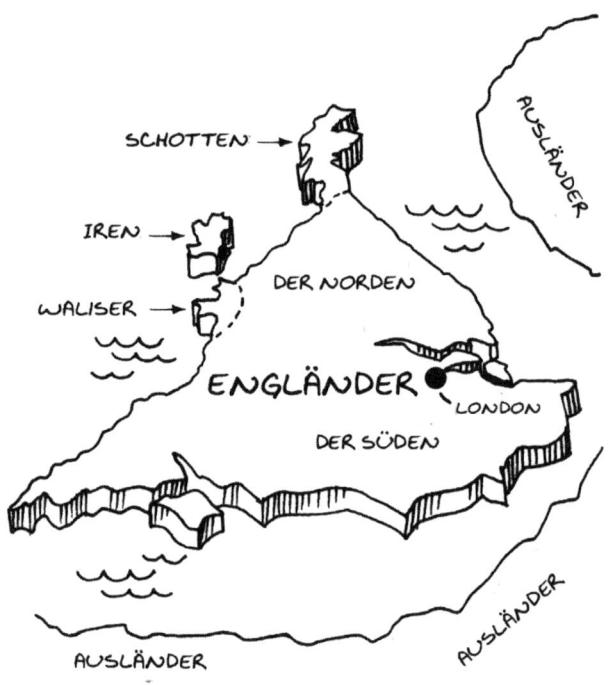

Die Engländer hegen ein instinktives Misstrauen gegenüber dem Unbekannten und das lässt sich am deutlichsten an ihrem Verhältnis zur Geographie ihres Landes sehen.

Die englische Bevölkerung zählt 54 Millionen, im Vergleich zu 3 Millionen Walisern, 5 Millionen Schotten, 6 Millionen Iren (Nord- und Südirland zusammen), 22 Millionen Australiern, 66 Millionen Franzosen, 81 Millionen Deutschen, 142 Millionen Russen und 321 Millionen Amerikanern.

England ist zwar fünfmal so groß wie Sizilien, würde aber auch fünfmal in Frankreich hineinpassen.

Nationalgefühl & Identität

Vorwarnung

Die Haltung der Engländer gegenüber anderen Nationen ist nicht so sehr durch *Xenophobie* (also die Angst vor Fremden) geprägt, als durch *Xenolypie* (das Mitleid mit Ausländern, die das Pech haben, **keine** Engländer zu sein). Wie Cecil Rhodes (nach dem Rhodesien, das heutige Simbabwe, benannt wurde) einst bemerkte: „Als Engländer geboren zu sein, ist der Hauptgewinn in der Lotterie des Lebens." Es überrascht kaum, dass die Engländer die Zweit- und Drittplazierten ein wenig bedauern.

Die letzte Invasion Englands fand vor etwa 900 Jahren durch die Normannen statt. Sie besiedelten das Land, arbeiteten hart, versuchten sich zu integrieren und anzupassen, ihre Weisheit

>> **Der Name „Norman" klingt heutzutage nicht mehr nach Invasoren, vor denen man seine Töchter wegschließen muss, sondern gilt als urenglischer Vorname.**

und ihre Erfahrungen mit den Einheimischen zu teilen. Sie scheiterten. Die Engländer taten, was sie am besten können. Sie ignorierten das merkwürdig riechende Essen, die fremdartige Kleidung und den eigenartigen Akzent und machten sich an die langwierige, mühselige und schweißtreibende Aufgabe, die Invasoren in Engländer zu verwandeln. Es dauerte Jahrhunderte, aber es hat funktioniert. Der Name „Norman" klingt heutzutage nicht mehr nach Invasoren, vor denen man seine Töchter wegschließen muss, sondern gilt als urenglischer Vorname.

Der venezianische Botschafter, Andreas Trevisano, bemerkte anlässlich seines Besuches in London im Jahr 1497 folgendes über die Engländer:

> „Sie glauben nicht, dass es außer ihnen andere Völker gibt oder dass eine Welt außerhalb Englands existiert und wann immer sie einen gut aussehenden Fremden sehen, sagen sie, ‚Er sieht wie ein Engländer aus' oder ‚Schade, dass er kein Engländer ist'."

Heutzutage sind die Engländer nicht mehr so einig in dieser Sicht, manche sehen England eher als einen Ort, dem man bei jeder sich bietenden Gelegenheit den Rücken kehren sollte. Die Mehrheit bleibt jedoch bei ihrem angeborenen Misstrauen gegenüber dem Ausland mit seinem komischen Essen, komischen Wasser, den komischen Sanitäreinrichtungen und vor allem den komischen Ausländern.

》 Die Mehrheit der Engländer bleibt bei ihrem angeborenen Misstrauen gegenüber dem Ausland.

Die geografische Lage Englands zementiert diese Haltung, da die Bewohner von ihrer sicheren kleinen Insel aus rundherum nur Meer sehen. Niemand würde es merkwürdig finden, wenn in der Zeitung die Schlagzeile stünde: „Nebel über dem Kanal – Kontinent von der Außenwelt abgeschnitten".

Mit dieser Inselmentalität muss man es also aufnehmen. Es hat keinen Zweck zu glauben, dass man es schaffen könnte, sie zu durchbrechen – daran haben sich schon viele die Zähne ausgebissen. Da sich die Engländer aber mit dem völligen

Unverständnis für Fremde geradezu brüsten, kann es sich lohnen, sich einen taktischen Vorteil zu verschaffen, indem man selbst die Engländer versteht.

Wie sie sich selbst sehen

Die Engländer sehen sich selbst als gesetzestreu, höflich, tolerant, anständig, großzügig, galant, standhaft und fair. Stolz sind sie auch auf ihren Sinn für Humor voller Selbstironie, den sie als den ultimativen Beweis für ihre Gutartigkeit ansehen.

Denn, obwohl sie sich in der Öffentlichkeit herabsetzen, glauben sie doch tief im Herzen, dass die Engländer allen anderen Nationen überlegen sind und sind davon überzeugt, dass die anderen das insgeheim auch wissen. In einer perfekten Welt, so vermuten die Engländer, wäre jeder gerne wie sie.

》 In einer perfekten Welt, so vermuten die Engländer, wäre jeder gerne wie sie.

Die Engländer sind überzeugt davon, dass alles entweder aus England stammt oder dort verbessert wurde. Sogar das Wetter, auch wenn es nicht angenehm sein mag, ist zumindest interessanter als bei allen anderen und immer voller Überraschungen.

Auch sind sie davon überzeugt, sogar mit einiger Berechtigung, dass niemand sie wirklich versteht. Mit den Worten des beliebten Liedermachers Michael Flanders:

„The English are moral, the English are good,
And clever, and modest, and misunderstood."

Also auf Deutsch etwa:

> „Die Engländer sind moralisch, die Engländer sind gut
> und schlau und bescheiden und missverstanden."

Die Behauptung, dass man missverstanden werde, darf allerdings nicht als Bitte um Verständnis aufgefasst werden. Sie wollen nicht verstanden werden – so eine Form der Intimität wäre ein Eingriff in die Privatsphäre.

Was sie glauben, wie die Anderen sie sehen

Die Engländer sind sich Kritik aus dem Ausland vage bewusst, denken aber, dass man diese nicht zu ernst nehmen sollte. Sie sind es gewohnt, als Stereotype angesehen zu werden, und bevorzugen, es dabei zu belassen: Es macht ihnen nichts aus, dass England als ein mit Melone tragenden Geschäftsleuten, Fußball-Hooligans, durchgeknallten Adligen und rotzfrechen *cockneys* bevölkertes Land angesehen wird, die sich alle in einem uralten Pub auf ein warmes Bier treffen.

>> **Es macht den Engländern nichts aus, dass England als ein mit Melone tragenden Geschäftsleuten, Fußball-Hooligans und durchgeknallten Adligen bevölkertes Land angesehen wird.**

Wie die Anderen sie wirklich sehen

Hauptsächlich werden die Engländer als Überbleibsel einer glorreicheren Vergangenheit angesehen, als sie in der europäischen Sportart „Weltreichgründen" noch in der ersten Liga mitspielten.

Sie werden auch als engstirnig, voreingenommen und un-kooperativ wahrgenommen – ein Volk, das sich im Lande Shakespeares, in graue Wolken gehüllt, von gebratenen Würsten ernährt. Zugezogene aus dem Ausland schätzen die englische Art, keinen unnötigen Staub aufzuwirbeln und den eigenen Grundsätzen treu zu bleiben, sehen aber fassungslos, wie die Engländer Schäbiges und Zweitklassiges hinnehmen und empfinden die große Wertschätzung für Manieren als Ersatz für persönliches Stilgefühl. Allein der Wert, der auf Tischmanieren gelegt wird, ist ein bisschen rätselhaft in einem Land, das – vorsichtig ausgedrückt – als kulinarisch beschränkt gelten darf.

Wie sie gerne gesehen werden würden

Die Engländer sind stolz auf ihren Sinn für *fair play* und nehmen an, dass dieser auch von allen anderen anerkannt und bewundert wird. Sie möchten für ihre herausragenden Charaktereigenschaften geliebt und geschätzt werden. Zu diesen Eigenschaften, ihrem selbstlosen Beitrag für eine bessere Welt, ge-

>> **Wenn ein Engländer sein Wort bricht, sollten die Ausländer gefälligst verstehen, dass es einen zwingenden Grund dafür gibt.**

hört eine reflexartige Unterstützung für *underdogs* und eine harte Hand gegenüber jeglichen Unterdrückern, dazu Wahrhaftigkeit und die Verpflichtung, immer Wort zu halten und nie ein Versprechen zu brechen. Wenn also ein Engländer sein Wort bricht, sollten die Ausländer gefälligst verstehen, dass es einen zwingenden Grund dafür gibt.

Gehen Sie, wenn möglich, wohlwollend mit diesen und ähnlichen Glaubenssätzen um, selbst wenn Sie sie für leicht wahnhaft halten. Allerdings werden die meisten Engländer sich auf Ihre Seite schlagen und Ihnen zustimmen, sobald Sie dem Bild, das die Engländer von sich selbst haben, widersprechen. Respekt gegenüber dem *underdog* eben.

Wie sie sich gegenseitig sehen

An nichts ist das instinktive Misstrauen der Engländer gegenüber Unbekanntem besser erkennbar als an ihrer Haltung gegenüber ihren Landsleuten.

>> **Jeder Engländer hat natürlich ein Anrecht auf Sonderbehandlung.**

Schon seit grauer Vorzeit gibt es die Trennung zwischen Nord- und Südengland. Für die meisten Südengländer endet die Zivilisation in etwa beim *Watford Gap* (knapp nördlich von London). Sie glauben, dass die Leute jenseits dieser Linie schon rötere Wangen haben und haariger sind, grob bis hin zur Unhöflichkeit und auf Eintopf versessen – was die Südengländer großmütig alles auf das kältere Klima schieben.

Im Norden werden schon die Kinder mit Geschichten über die Verschlagenheit der Bewohner „da unten im Süden" großgezogen. Man hält sie für verweichlichte Leichtfüße und ihr Essen für überkandidelt.

Trotz alledem hat jeder Engländer, egal wie haarig oder verweichlicht, natürlich ein Anrecht auf Sonderbehandlung. Man kritisiert nur jemanden, der einem etwas bedeutet, also ist diese andauernde Krittelei in Wirklichkeit ein Zeichen von Zuneigung.

Was die Bewohner der benachbarten britischen Inseln angeht, haben die Engländer absolut keinen Zweifel hinsichtlich ihrer eigenen Überlegenheit. Diese Erkenntnis ist selbstverständlich nicht auf kleinliche Vorurteile zurückzuführen, sondern basiert auf rein wissenschaftlichen Erkenntnissen. Den Iren ist nicht zu trauen, weil sie nichtsnutzig sind, den Schotten (obwohl schlau) ist nicht zu trauen, weil sie zu vorsichtig mit ihrem Geld – sprich: geizig – sind und den Walisern kann man aus Prinzip nicht trauen.

Allerdings sollten sich die Iren, Schotten und Waliser nicht grämen. Für die meisten Engländer sind sie nicht so fremdartig wie die Cousins jenseits des Kanals. Und schließlich beginnt „fremdartig" für die Engländer in der Regel am Ende der eigenen Straße.

Wie sie andere sehen

Die Engländer mögen viele Individuen, die Ausländer sind, da auch sie in der Regel wenigstens einen Ausländer kennen, der fast „einer von uns" ist. Aber es gibt sehr wenige Nationen, denen sie wirklich vertrauen oder die sie ernst nehmen. Man nehme etwa die Franzosen: Die Franzosen und die Engländer verbindet ein so langer Konkurrenzkampf, dass die Engländer eine Art Hassliebe zu den Franzosen entwickelt haben. Sie lieben Frankreich irgendwie: Sie lieben das Essen und den Wein, auch mit dem Klima sind sie sehr zufrieden. Sie hegen die unterbewusste, historisch gewachsene Überzeugung, dass die Franzosen eigentlich kein Recht darauf haben, in Frankreich zu leben. Das geht so weit, dass Tausende von Engländern jedes Jahr versuchen, Teile von Frankreich in Ecken von Surrey zu verwandeln.

Die echten Franzosen finden sie etwas zu exaltiert, um als Volk eine Rolle auf dem Weltparkett zu spielen. Es wird angenommen, dass dem durch ein paar Jahrzehnte englischen Einflusses abgeholfen werden könnte.

Was die Deutschen angeht, haben die Engländer weniger zwiespältige Gefühle. Die Deutschen sind regelgläubig, viel zu ernst, neigen zur Tyrannei und können das nicht einmal durch ihre Kochkunst ausgleichen. Die Italiener sind zu emotional; die Spanier sind grausam zu Bullen; die Russen sind schwermütig; die Holländer sind zuverlässig und vernünftig; die Skandinavier, Belgier und Schweizer sind langweilig. Alle orientalischen Völker sind undurchschaubar und gefährlich. Die Inder, Pakistaner, Bangladescher und Sri Lanker haben eine Sonderstellung inne: Sie spielen Cricket.

>> **Aus ihrer Erfahrung haben die Engländer gelernt, immer das Schlechteste zu erwarten, um dann entweder angenehm überrascht zu werden oder ihre pessimistischen Erwartungen bestätigt zu sehen.**

Der Rest der Welt ist für die Engländer ein Spielplatz: eine bunte Mischung von Völkern, Bräuchen und Kulturen, die nach Lust und Laune genossen, benutzt und weggeworfen werden können. Aus ihrer Erfahrung haben die Engländer gelernt, immer das Schlechteste zu erwarten, um dann entweder angenehm überrascht zu werden oder, mit leichter Genugtuung, ihre vernünftigerweise pessimistischen Erwartungen bestätigt zu sehen.

Besondere Beziehungen

Es gibt einige bevorzugte Nationen, zu denen die Engländer eine besondere Zuneigung empfinden. Sie pflegen eine enge Verbindung zu den Australiern, trotz ihres befremdlichen Mangels an Zurückhaltung und zu den Neuseeländern, die zwar untadelige Manieren haben, aber die Unsitte, die Engländer beim Rugby vernichtend zu schlagen. Auch die Kanadier verdienen besondere Sympathie, weil sie ständig gegen den vielen Schnee ankämpfen müssen und dauernd für Amerikaner gehalten werden.

> **Die Engländer würden die Amerikaner wahrscheinlich noch lieber mögen, wenn sie nicht darauf bestehen würden, nun ja, so amerikanisch zu sein.**

Die Engländer mögen die Amerikaner. Sie mögen ihre zupackende Einstellung und ihre offene Art. Sie würden sie wahrscheinlich noch lieber mögen, wenn sie nicht darauf bestehen würden, nun ja, so amerikanisch zu sein. Tief im Inneren sehen die Engländer die Amerikaner als ein englisches Volk an, welches sich nur aufgrund eines Missverständnisses in etwas anderes verwandelt hat und natürlich wesentlich glücklicher wäre, wenn es das vernünftigerweise wieder rückgängig machen würde. Dann könnten sie auch wieder „richtiges" Englisch sprechen.

Die Engländer schauen sich mit ungläubigem Staunen die Teilnehmer von amerikanischen TV-Beicht-Shows an. Sie führen den gesunkenen kulturellen Standard im eigenen Land auf den amerikanischen Einfluss zurück, obwohl sie selber süchtig nach deren Fernsehserien und *sitcoms* sind.

Die Amerikaner haben Geld und Macht, das macht jede Beziehung besonders. Aber es bleibt immer das wohligselbstzufriedene Gefühl kultureller Überlegenheit, weil die eigene Geschichte weiter zurückreicht als bis gerade mal vorgestern.

Charakter

Individualismus

Wer auch immer die Engländer die „Inselrasse" genannt hat, lag nur halbrichtig. Jede Person in England lebt auf ihrer oder seiner eigenen Insel. Nur Kriege schweißen die Engländer zusammen und mit der Zeit sind sie darin ziemlich gut geworden. Aber die natürliche Bescheidenheit verlangt, dass es bis kurz vor Schluss so aussieht, als ob sie verlieren würden. Das macht den Sieg umso süßer und geht dem Gegner erst richtig auf die Nerven.

>> **Die englische Inselmentalität zeigt sich in einem besonders ausgeprägten Sinn für persönliche Freiheit.**

Die englische Inselmentalität zeigt sich in einem besonders ausgeprägten Sinn für persönliche Freiheit. Sie schätzen ihre Rechte, besonders ihr Recht auf Privatleben und das Anrecht, den persönlichen Freiraum zu wahren. Es wird als schlechtes Benehmen betrachtet, in diesen persönlichen Raum einzudringen.

Die Engländer halten auf einer Rolltreppe immer eine Stufe Abstand zum Nächsten, sogar wenn es sehr voll ist, oder lassen im Kino den Sitz zum Nachbarn frei, selbst wenn sie wissen, dass sie über kurz oder lang doch gebeten werden aufzurücken, um Platz zu machen. Das hat nichts mit einer krankhaften Angst vor schlechten Körpergerüchen zu tun, es ist eher als Erweiterung von *my home is my castle* anzusehen. Verstehen Sie das als einen unsichtbaren Burggraben. Trainieren Sie Fern-Händeschütteln.

Keeping a stiff upper lip – Haltung bewahren

Zu dieser typischen Haltung gehört es, den Kopf aufrecht zu halten (Stolz), die Oberlippe steif (um kein verräterisches Zittern zuzulassen), und mit dem *best foot forward* zu schreiten (Entschlossenheit). Diese Pose erschwert natürlich jegliche Unterhaltung und verbietet Intimität. Aber sie spiegelt genau die Eigenschaft wider, die Engländer traditionell ausstrahlen sollten, nämlich absolute Selbstdisziplin.

>> Die stiff upper lip spiegelt genau die Eigenschaft wider, die Engländer traditionell ausstrahlen sollten, nämlich absolute Selbstdisziplin.

Gefühle dürfen bei Fußballspielen und Beerdigungen gezeigt werden oder wenn man einen Totgeglaubten begrüßt. Bei allen anderen Gelegenheiten reagieren die Engländer bei einer übermäßigen Zurschaustellung der Gefühle irritiert, was nur dadurch abgemildert werden kann, dass der Missetäter hinterher angemessen peinlich berührt ist.

In jüngerer Zeit hat es jedoch eine wachsende Zahl von öffentlichen Anlässen gegeben, bei denen die Engländer geradezu mediterranes Temperament gezeigt haben.

Mäßigung

Mäßigung ist sogar denjenigen Engländern wichtig, die selbst zu gemäßigtem Verhalten unfähig sind. Unabhängig von ihrem persönlichen Verhalten teilen sie eine fundamentale Abneigung gegenüber allen, die in ihrem Verhalten „zu weit gehen".

Dieses „zu weit gehen" kann heißen, in einer gepflegten Gesellschaft ein Übermaß an Gefühlen zu zeigen, sich hemmungslos zu betrinken oder politisch unkorrekte Witze zu erzählen und sich dann darüber kaputtzulachen.

Eine öffentliche Szene zu machen ist natürlich inakzeptabel. Die Engländer unterstellen automatisch der Person, die eine Szene macht, im Unrecht zu sein, selbst wenn sie Recht hat.

Es gibt sogar ein eigenes Vokabular, um derartige Gefühlsausbrüche zu beschreiben. Über die beteiligten Parteien kann man sagen: *they create a ‚to do', a hullaballoo, a palaver, a kerfuffle, a song and dance* (in etwa: Theater machen, einen Affenzirkus veranstalten usw.) – was alles als wenig wünschenswert angesehen wird.

>> Wenn Engländer in der Öffentlichkeit, zum Beispiel im Bus, mit einer unangenehmen Situation konfrontiert sind, ducken sie sich meistens hinter ihrer Zeitung weg.

Wenn Engländer in der Öffentlichkeit, zum Beispiel im Bus, mit einer unangenehmen Situation konfrontiert sind, ducken sie sich meistens hinter ihrer Zeitung weg und tun so, als ob nichts wäre. Extreme Ausbrüche, wie Straßenschlachten oder tobende Hooligans, ziehen allgemeine Missbilligung auf sich. Ein solches Verhalten wird als un-englisch angesehen, obwohl es ziemlich weit verbreitet ist.

In fast jeder Lebenslage verschafft man sich Respekt durch die Zurschaustellung gepflegter Gleichgültigkeit. Selbst in Herzensdingen wird es als unangemessen angesehen, zu viel Enthusiasmus zu zeigen.

Paradoxerweise ist der Satz „Jetzt sind Sie aber zu weit gegangen!" der unmissverständliche Auftakt für ein keineswegs gemäßigtes Auftreten des Sprechers, der dann voraussichtlich seinerseits „zu weit" gehen wird.

Zwei Seelen in einer Brust

Die Gefühle fest unter Verschluss und immer die Fassung bewahrend strahlen die Engländer gegenüber sich und der Welt Sicherheit und Beständigkeit aus. Unter der Oberfläche aber brodelt eine urtümliche Widerspenstigkeit, die sie noch nie ganz im Zaum halten konnten. Das hat nicht zuletzt mit dem Klima zu tun. Hitze lässt das Tier im Engländer hervorkommen. Kälte und Nieselregen beruhigen ihn.

>> **Die Engländer können sehr viel Freude an etwas haben, von dem sie ahnen, dass es im Grunde moralisch verwerflich ist.**

Es gibt eine widersprüchliche Beziehung zwischen Kopf und Herz. Die Engländer können etwas bewundern, ohne es zu mögen, können aber auch sehr viel Freude an etwas haben, von dem sie ahnen, dass es im Grunde moralisch verwerflich ist. Wegen dieses zweischneidigen Charakters wird den Engländern nachgesagt, dass sie Heuchler sind. Das scheint so zu sein, aber der Schein kann ja trügen. Die Engländer glauben, dass selbst die Wahrheit zwei Seiten hat.

Haltungen & Werte

Gesunder Menschenverstand

Gesunder Menschenverstand bestimmt die Haltung der Engländer in fast jeder Lebenslage: Nimm einen Schirm mit, es könnte Regen geben. Setz dich nicht auf einen kalten Stein – davon bekommt man Hämorrhoiden. Zieh immer frische Unterwäsche an, bevor du aus dem Haus gehst, du könntest überfahren werden und ins Krankenhaus müssen. Im Einklang mit der Maxime des Gründers der Pfadfinder-Bewegung, Baden Powell, heißt es: Sei „allzeit bereit". Für die Engländer ist genau dies gesunder Menschenverstand.

>> **Zieh immer frische Unterwäsche an, bevor du aus dem Haus gehst, du könntest überfahren werden und ins Krankenhaus müssen.**

Es gibt keine Entschuldigung dafür, sich von veränderten Umständen unterkriegen zu lassen. Für jede geplante Aktivität, die draußen stattfinden soll, muss man eine Alternative für drinnen bereithalten, sollte etwas schief gehen. Selbst Abrechnungsprogramme haben eine Extraspalte für Eventualitäten. Die Tatsache, dass ausgerechnet die Engländer zu Geschäftsbesprechungen gerne relativ schlecht vorbereitet erscheinen, scheint ihren Glauben daran nicht zu erschüttern, dass sich letztendlich der gesunde Menschenverstand durchsetzt.

Keine Angeberei

Selbst wenn man gerade den Atlantik in einer Nussschale bezwungen hat, wird von einem Engländer erwartet, diese Leistung nur mit einem dahingemurmelten „Ich segle ab und zu ein wenig" zu kommentieren.

Engländer dazu zu zwingen, die eigenen Leistungen herauszuposaunen, oder selbst vor Engländern anzugeben, bringt sie in Verlegenheit und sie fühlen sich unangenehm berührt. Wenn man es aber schafft, unterschwellig leise Anerkennung für ihre Leistungen durchklingen zu lassen oder erwähnt, dass man sich auch schon mal ein wenig auf diesem Gebiet versucht hast, werden sie dieses Kompliment bescheiden akzeptieren und sich nach den Unternehmungen des Gesprächspartners erkundigen.

>> **Für die Engländer ist es wichtig, dass jeder sich um seine eigenen Angelegenheiten kümmert. Wenige Außenstehende verstehen, wie tief dieser Grundsatz verwurzelt ist.**

Sich um seine eigenen Angelegenheiten kümmern

Für die Engländer ist es wichtig, dass jeder sich um seine eigenen Angelegenheiten kümmert. Wenige Außenstehende verstehen, wie tief dieser Grundsatz verwurzelt ist.

Eine der wenigen Gelegenheiten, eine Unterhaltung mit jemandem anzufangen, dem man nicht offiziell vorgestellt wurde, bietet das Schlangestehen. Weitere Gelegenheiten ergeben sich, wenn man den Hund ausführt oder am Schauplatz einer schweren Katastrophe, wie zum Beispiel bei einem Unfall. Allerdings muss ganz klar sein, dass Freundschaften, die unter solchen Umständen geschlossen wurden, draußen bei den Hunden zu bleiben haben oder sofort enden, wenn Hilfe eintrifft. Mit einer Gruppe Engländer zum Beispiel in einem Tunnel festzustecken, kann zwar zu gemeinsamem Singen oder zum Austausch von Vertraulichkeiten führen, darf aber nicht als Einladung zu einer dauerhafteren engen Bindung missverstanden werden. Wenn ein Engländer nach einem solchen Erlebnis sagt: „Wir müssen uns unbedingt mal wieder treffen", bedeutet das nicht, dass man das ernst nehmen sollte.

A good sport

Wenn eine Engländerin oder ein Engländer von Ihnen sagt, Sie seien *a good sport*, also „echt in Ordnung", sind Sie wirklich angekommen. Diese Auszeichnung wird nur wenigen Ausländern zuteil und ist auch bei weitem nicht für alle Engländer erreichbar. In diesem Ausdruck steckt alles, was die Engländer respektieren, ob auf dem Spielfeld oder im richtigen Leben.

> **Wenn eine Engländerin oder ein Engländer von Ihnen sagt, Sie seien „a good sport", sind Sie wirklich angekommen.**

Ein *good sport* spielt, ohne dabei allzu ernst zu wirken, dann wird er seinen Sieg als nebensächlich abtun und sich großmütig gegenüber dem Gegner verhalten.

Ein *good sport* wird sich auch als guter Verlierer erweisen. Es gibt kein Gezänk mit dem Schiedsrichter und keine Anzeichen von Enttäuschung. Im Gegenteil, eine locker in die Runde geworfene Bemerkung wie „Der Beste hat gewonnen" ist eigentlich obligatorisch, selbst wenn man gerade vom Platz geputzt wurde.

Das bedeutet aber nicht, dass die Engländer nicht über einen verbissenen Ehrgeiz verfügen würden – weit gefehlt. Sie würden eher eine Enttäuschung in der Liebe hinnehmen als eine Niederlage auf dem Tennisplatz. Aber sich die Enttäuschung anmerken zu lassen, würde natürlich „zu weit gehen".

Ebenso würde es als Angeberei gewertet werden, wenn man sich die Freude über den Sieg anmerken ließe. Es ist nicht leicht, ein Engländer zu sein.

Stoizismus

Stoizismus – also die Fähigkeit, den Wechselfällen des Lebens mit heiterer Ruhe zu begegnen – ist ein essenzieller Bestandteil des englischen Naturells.

Das sollte man nicht mit einer gefühlskalten, hölzernen Art, Fatalismus oder Trübsinn verwechseln. Stoizismus befähigt die Engländer dazu, die endlosen Wege zur Arbeit mit öffentlichen Verkehrsmitteln, für die sich manches Entwicklungsland schämen würde, zu ertragen und auf die Frage eines Arbeitskollegen: „Wie war die Fahrt?", mit einem lockeren „Ganz in Ordnung, danke" zu antworten.

>> **Die Engländer werden Ihnen gegenüber auftauen, wenn Sie Widrigkeiten mit subtilem Humor begegnen.**

Die Engländer werden Ihnen gegenüber auftauen, wenn Sie Widrigkeiten mit subtilem Humor begegnen. Auf diese Art kann man sich den Ruf eines bewundernswerten Stoikers erarbeiten, wie zum Beispiel der Zirkusmitarbeiter, der, nachdem ein Tiger ihm einen Arm abgebissen hatte, bei der Einlieferung ins Krankenhaus auf die Frage, ob er gegen etwas allergisch sei, antwortete: „Nur gegen Tiger".

Die religiöse Seite

Die Engländer sind keine tiefreligiöse Nation, also ist diese Seite nicht sehr ausgeprägt. Sie haben entschieden, dass der römische Katholizismus mit der Lehre der Erbsünde und der allgemeinen Wertlosigkeit der menschlichen Rasse unmöglich auf sie gemünzt sein kann. Also haben sie ihre eigene Kirche gegründet – die *Church of England,* also die anglikanische Kirche.

Die Anwesenheit bei einer Messe der *Church of England* ist nicht Pflicht und auch tatsächlich keine sehr weit verbreitete Angewohnheit. Andererseits wird die Kirchenmitgliedschaft als Norm vorausgesetzt. Amtliche Formulare, in denen Angaben zur Religion gemacht werden müssen, spiegeln die Haltung des Landes zum Rest der Christenheit, wenn sie nur folgende Möglichkeiten zum Ankreuzen bieten: „*Church of England*" oder „andere".

>> **Im Allgemeinen neigen die Engländer nicht zur Reflexion und stille Seelenschau nehmen sie nicht allzu ernst.**

Die puritanische Seite

Im Allgemeinen neigen die Engländer nicht zur Reflexion und stille Seelenschau nehmen sie nicht allzu ernst. Das hindert sie aber nicht daran, ab und zu vor sich hinzubrüten, üblicherweise nach einer vernichtenden sportlichen Niederlage oder nach etlichen Wochen Dauerregen. Aber sie haben eine ausgeprägte puritanische Seite an sich, die so tief verborgen liegt, dass sich nur wenige ihrer bewusst sind.

Sie tritt zum Beispiel dann zutage, wenn jemand ein Vermögen gewinnt, statt es sich zu verdienen. Nach jahrzehntelangen Diskussionen darüber, ob man eine nationale Lotterie zulassen dürfe, wird nun darüber diskutiert, ob die Gewinne wirklich so hoch ausfallen müssen. Die Engländer empfinden es als anrüchig, dass Menschen solche Unsummen auf einmal gewinnen können, und würden es als nur fair und anständig ansehen, wenn der Gewinner etwas von diesem Vermögen verteilen würde.

Sie machen sich auch Gedanken über moralische Standards

》 Der puritanische Zug der Engländer zeigt sich in dem Glauben, dass etwas, das gut schmeckt, ungesund sein muss.

im Fernsehen. Deshalb fängt das Erwachsenenprogramm erst um 21 Uhr an, damit die Kinder nicht durch Sex, Schimpfwörter und Gewalt verdorben werden – also all das, was ein 13-Jähriger so auf dem Spielplatz treibt.

Der puritanische Zug der Engländer zeigt sich auch in dem Glauben, dass etwas, das gut schmeckt, ungesund sein muss; wenn etwas aber scheußlich schmeckt, muss es gesund sein. Es kann einfach keine andere Erklärung für die Existenz von Tapioka-Pudding geben.

Die praktische Seite

Die Grenzen des englischen Einfallsreichtums und ihrer Findigkeit müssen erst noch entdeckt werden. Die englischen

Gartenschuppen summen vor Kreativität, während Männer namens Ron sich nützliche Geräte und lang ersehnte Hilfsmittel, wie die perfekte Eieruhr, die Hose mit automatischer Bügelfalte oder eine Badewannenleiter, damit die Spinne selbst rausklettern kann, ausdenken. Ein Engländer namens Babbage wurde von seinen Freunden über Wasser gehalten, während er endlos an seinen mechanischen Rechenmaschinen bastelte. Das Ergebnis hat die Neuzeit revolutioniert – der Computer.

Es hat immer etwas von Gesichtsverlust, wenn man um Hilfe bittet oder wenn man es nicht schafft, seine eigenen Probleme zu lösen. Also ist Eigeninitiative unabdingbar und das Mittel der Wahl, lange bevor man etwa eine Anleitung liest oder den Elektriker zum Reparieren der Waschmaschine ruft oder sich den Rasenmäher vom Nachbarn leiht.

>> **Individualität ist ja schön und gut, aber für einen Engländer ist es wichtig, Teil eines Teams zu sein.**

Clubs und Vereine

Individualität ist ja schön und gut und bei einigen Gelegenheiten empfehlenswert, aber für einen Engländer ist es wichtig, Teil eines Teams zu sein, und er ist nie glücklicher als wenn er oder sie von einer Gruppe von Leuten umgeben ist, mit denen er etwas gemein hat oder sich zumindest vormachen kann, etwas gemein zu haben.

Das englische Leben wird durch viele Clubs und Vereine bereichert, deren Aktivitäten oder Nutzen für Nichtmitglieder nur schwer nachvollziehbar ist, was natürlich das Image der Clubmitglieder als Individualisten stärkt. Man nehme das Beispiel des fiktionalen *Pickwick-Clubs* aus dem Buch von Charles Dickens: Eine Gruppe von Leuten, die sich zu dem Zweck trifft, zusammen zu essen, Geschichten zu erzählen und kleine Reisen zu unternehmen. Oder den Anti-Wohnwagen-Club, der spaßeshalber zu dem Zweck gegründet wurde, Leuten, die Wohnwagen nicht mögen, das Gefühl zu geben, dass sie nicht allein sind. Der Club hatte zeitweise mehr Mitglieder als das vermeintlich sinnvolle Gegenstück, der Caravan-Club.

Falls Sie eine Politik des Freihandels durchsetzen möchten, schauen Sie beim *Carlton Club* vorbei. Knopfliebhaber treffen sich bei der *British Button Society*, Leute, die eine Schwäche für dekorativen Krimskrams haben, gehen zur *Ephemera Society*. Wenn Sie das Bedürfnis verspüren, die englische Sprache zu schützen, versuchen Sie es bei der *Society for the Prevention of Inadvertent Transatlanticisms* (SPIT, Gesellschaft zur Vermeidung von unabsichtlichen Transatlantizismen).

>> **Es gibt sogar spontane, situationsabhängige Vereinsgründungen, bei denen ein Zug voller Leute sich zu einem Verein für Signalausfälle formiert.**

Es gibt sogar spontane, situationsabhängige Vereinsgründungen, bei denen ein Zug voller Leute sich zu einem Verein für Signalausfälle formiert, wenn die Umstände es hergeben.

Was immer der offizielle Sinn und Zweck des jeweiligen Vereins auch sein mag, dienen sie alle doch hauptsächlich dem geselligen Beisammensein. Die Mitglieder erfreuen sich daran, sich mit anderen austauschen zu können, ohne es zu müssen. Mitgliedschaft verschafft ihnen menschliche Wärme, Unterstützung, ein Gefühl der Verbundenheit, Kameradschaft und Gruppenzugehörigkeit – alles mit der sehr englischen Garantie, dass, sollte man sich außerhalb der Clubtreffen begegnen, keinerlei Verpflichtung besteht, sich für das Leben des anderen zu interessieren oder auch nur seine Existenz anzuerkennen.

Klassenzugehörigkeit

Die Klassengesellschaft spielt immer noch eine zentrale Rolle im englischen Leben. Vergessen Sie getrost Behauptungen, dass die Klassenzugehörigkeit im Leben Ihres Gegenübers keine Rolle spielt. Das bedeutet lediglich, dass sich dieses Individuum innerhalb der für sie oder ihn vorgesehenen Klasse wohl fühlt. Die Klasse ist der größte Club, dem ein Engländer angehören kann.

>> **Es ist schon klasse, all diese Buchstabenfolgen wie KG, OBE, BO und RIP hinter dem Namen stehen zu haben.**

Es gibt zunächst das sichtbare, offizielle Klassensystem mit seinen klar definierten Stufen zwischen Herzögen, Marquis, Grafen und einfachen Bürgern, die es durch eigene Leistung geschafft haben, zum Ritter zu avancieren oder andere Auszeichnungen zu bekommen. Es ist schon klasse, all diese Buchstabenfolgen wie *KG, OBE, BO* und *RIP* hinter dem Namen stehen zu haben.

Tatsächlich hat dieses Klassensystem weniger Einfluss, als man erwarten würde. Die Leute am oberen Ende der Skala scheuen sich davor, es besonders zu betonen, weil das ja Angeberei wäre, während die am unteren Ende sich besondere Mühe geben, davon unbeeindruckt zu erscheinen, wie es sich für gute Individualisten gehört.

Innerhalb der Oberklasse ist der Respekt den alteingesessenen Familien vorbehalten, unabhängig von Titeln oder dem Mangel an selbigen. Am anderen Ende der Skala gibt es eine Art umgekehrten Snobismus der Angehörigen der Arbeiterklasse. Früher war es der proletarische Traum, sich zur Mittelklasse hochzuarbeiten und alle Verbindungen zur Arbeiterklasse zu kappen. Heutzutage hat sich diese Bewegung umgekehrt und es poliert das Image auf, zur Arbeiterklasse zu gehören.

Karl Marx hat Jahre damit verbracht, über den Klassenkampf zu schreiben, ohne zu begreifen, dass der eigentliche Kampf nicht zwischen der englischen Ober-, Mittel- oder Unterklasse stattfindet, sondern innerhalb der Klassen. Der erbittertste Kampf findet dabei innerhalb der größten Klasse, der Mittelklasse statt, die sich inzwischen in obere, mittlere und untere Mittelklasse aufgeteilt hat. Mit jedem Jahr verwischen die Grenzen dazwischen aber mehr und mehr.

>> **Karl Marx hat Jahre damit verbracht, über den Klassenkampf zu schreiben, ohne zu begreifen, dass der eigentliche Kampf innerhalb der Klassen stattfindet.**

Obwohl die Engländer versichern, dass mehr gesellschaftliche Durchlässigkeit zwischen den Klassen wünschenswert sei, glauben sie doch, dass es besser ist innerhalb der eigenen Klasse zu heiraten.

Damit erspart man sich den Streit, ob man sich nun im *sitting-room* oder in der *lounge* entspannt, und ob man das besagte Zimmer mit einem lebensgroßen Keramikleoparden dekoriert oder nicht.

Sich gegenseitig einordnen

Es ist fast eine nationale Manie, sich gegenseitig einzuordnen. Fehler bei der Einordnung von jemandes sozialer Stellung sind unbedingt zu vermeiden. Wenn man sich nicht völlig sicher ist, bedient man sich einer Reihe ausgeklügelter Tests.

>> Anhand des Akzents kann man ein Individuum sofort einordnen.

Anhand des Akzents kann man ein Individuum sofort einordnen. Eine gedehnte Sprechweise mit regionalem Einschlag wird zwar heutzutage nicht mehr als unverzeihlicher Fehler gewertet, aber der sogenannte Oxford-Akzent oder die BBC-Aussprache können einem immer noch echte Vorteile verschaffen.

Noch verräterischer als die Aussprache kann das Vokabular sein. Man kann die jeweilige Klassenzugehörigkeit daran erkennen, ob jemand mittags *lunch* oder *dinner* und als Nachtisch *pudding, a sweet* oder *afters* zu sich nimmt, auf dem *sofa* oder *settee* sitzt und hinterher zum *loo* oder zur *toilet* geht. Es gibt unendlich viele dieser Unterscheidungen, die es der einen Gruppe ermöglichen, eine andere zu bewerten.

Auch Tischmanieren sind dafür wichtig. Die größte Kluft zeigt sich in der Art, wie man Messer und Gabel hält. Manche Leute halten den kompletten Griff fest in der Faust, andere halten sie locker wie Trommelstöcke, Griff nach oben. Jemanden mit einer dieser Methoden Erbsen essen zu sehen, ist schon ein Schauspiel.

Wenn man alle diese Tests besteht und sein Können unter Beweis gestellt hat, kann man sich eventuell widerwilligen Respekt in den englischen Gesellschaftskreisen erarbeiten. Letztendlich ist man aber doch der Verlierer. Denn wenn man sich das Ganze hat erarbeiten müssen, war alles umsonst. Der Prüfling in diesem Verfahren muss sich alle erdenkliche Mühe geben, außer vielleicht, sich zu viel Mühe zu geben.

Verhalten

Haustiere

Eine englische Redewendung besagt, dass eine Person, die Tiere mag, kein ganz schlechter Mensch sein kann. Die Engländer beten Tiere an – jegliche Art von Tieren. Sie halten sie nicht als Statussymbol oder um ihren Grund und Boden zu bewachen wie andere Nationen, sondern als Gefährten. Tiere, besonders Haustiere, sind unerlässlich für den englischen Lebensstil, weil der Besitz eines Haustiers für viele Engländer

》 Die Engländer beten Tiere an – jegliche Art von Tieren.

einer emotionalen Bindung zu einem anderen Lebewesen am nächsten kommt.

Die Engländer sind vielleicht nicht immer geschickt in der Konversation, aber Weltmeister in der Unterhaltung mit ihren Tieren. Sie fassen sie an, umarmen sie, wiegen sie in ihren Armen, tragen sie herum, streicheln sie und flüstern ihnen süße Nichtigkeiten ins haarige Ohr. Haustiere nehmen all dies widerspruchslos hin und stehen damit konkurrenzlos an erster Stelle, was die Zuneigung der Engländer betrifft. Katzen, Hunde, Papageien oder Meerschweinchen dürfen sich Sachen erlauben, für die Kinder mit Vorwürfen zu rechnen hätten. Tiere werden für unfähig gehalten, etwas falsch zu machen. Wenn also ein Hund einen Mann beißt, ist immer der Mann schuld, selbst wenn er nur zufällig vorbeigegangen ist. Das Opfer mag schwer verletzt sein, aber jeder Umstehende wird mit dem Einwand des Hundebesitzers oder der Hundebesitzerin sympathisieren: „Rambo könnte keiner Fliege etwas zuleide tun!"

>> **Selbst Kriminelle ernten ein nachsichtiges Lächeln, wenn sie freundlich zu Tieren sind.**

Selbst Kriminelle ernten ein nachsichtiges Lächeln, wenn sie freundlich zu Tieren sind. In der Zeitung wurde die Geschichte eines Pärchens berichtet, das nach dem Pub-Besuch feststellen musste, dass ihr Auto gestohlen worden war. Der Dieb hatte aber ihren Hund sorgfältig in einem der anderen Autos in Sicherheit gebracht, bevor er davonfuhr. Der Verlust des Autos wurde mit keiner Silbe erwähnt, dafür endete der Bericht mit den Worten: „Die Besitzer der 10-jährigen Sadie bedanken sich."

Dieselben Engländer, die stoisch mit ansehen, wie die Krankenhäuser in heruntergekommenen Großstadtvierteln Abteilungen auf Grund von Kürzungen schließen müssen, während Patienten auf Liegen in den Korridoren ausharren, finden Trost in dem Wissen, dass verwundete Igel liebevoll in einem Igelkrankenhaus versorgt werden.

Einer der Gründe, weshalb die Engländer dem Rest der Welt nie ganz trauen werden, ist, dass Ausländer die Sache mit den Tieren einfach nicht verstehen und sie auch weiter so behandeln, als wären sie irgendwie weniger menschlich.

Familie

Für die Engländer bedeutet der Begriff Familie die kleine Kernfamilie (anders als die Großfamilie der, sagen wir mal, Italiener). Tatsächlich mag sogar die Kernfamilie zu groß sein, in Zeiten, in denen Scheidung, alleinerziehende Eltern oder das Single-Dasein immer üblicher

>> **Die Idealvorstellung der Engländer ist dann erreicht, wenn jeder Mensch alleine auf seiner eigenen Insel lebt.**

werden. Die Idealvorstellung der Engländer ist dann erreicht, wenn jeder Mensch alleine auf seiner eigenen Insel lebt.

Zwei von fünf Ehen in England enden mit einer Scheidung. Zwei Drittel der Geschiedenen heiraten wieder und zwei Drittel derjenigen, die sich ein zweites Mal scheiden lassen, heiraten nochmals. Die meisten beruhigen sich dann, wahrscheinlich aus purer Erschöpfung.

Eheberatung ist beliebt und funktioniert bei den Engländern insofern, dass man sich über die gemeinsame Abneigung, Fremden etwas Persönliches anzuvertrauen, austauschen kann.

Kinder

Die Engländer mögen ihre Kinder. Allerdings hegen sie ihnen gegenüber nicht so leidenschaftliche Gefühle wie zu Hunden, Pferden, Kaninchen, Katzen und selbst zu Frettchen oder Wieseln. Das Problem ist, dass Kinder kein Fell haben und ihnen das entscheidende zweite Paar Beine fehlt, das andere Säugetiere so anziehend und liebenswert macht.

>> **Die Engländer mögen ihre Kinder. Allerdings hegen sie ihnen gegenüber nicht so leidenschaftliche Gefühle wie zu Hunden, Pferden, Kaninchen, Katzen und selbst zu Frettchen oder Wieseln.**

Zu Weihnachten und zum Geburtstag überschütten die Engländer ihre Kinder mit Geschenken (alles im Sinne der Erhaltung des Friedens), zu jeder anderen Zeit versuchen sie nur, sie in Schach zu halten, überlassen es vorzugsweise anderen sie großzuziehen oder den Kindern selbst. Eltern sehen ihre Rolle darin, ihren Kindern beizubringen, unabhängig zu sein und für sich selbst zu sorgen. Das steht in einigem Gegensatz zu Kulturen, die zum Ziel haben, Kinder zu Mitgliedern eines lebenslangen Familienverbundes heranzuziehen. Für die meisten ist die Kindheit etwas, das man so schnell wie möglich hinter sich bringen sollte. Ein erwachsener Engländer zu sein wird als etwas Großartiges und Wunderbares empfunden. Man hat viel weniger Verantwortung als ein englisches Kind.

Die Alten

Wenn die Eltern alt werden, haben die Kinder den Kontakt schon lange auf den höchstens wöchentlichen Pflichtbesuch beschränkt. Die Eltern sind viel zu unabhängig, um um Hilfe zu bitten, aber irgendwann nötigen ältere Verwandte oder Nachbarn die Kinder durch moralischen Druck dazu, sich zu kümmern. Je nach Finanzlage (die der Eltern oder der Sozialkassen) werden sie dann in Heimen für den letzten Lebensabschnitt untergebracht und noch seltener besucht.

Falls Eltern im eigenen Zuhause bleiben und „schwierig" werden, wird es den Töchtern überlassen, praktische Hilfe zu organisieren und *mum* oder *dad* über kurz oder lang bei sich aufzunehmen.

>> **Für die Engländer bietet exzentrisches Verhalten eine gute Möglichkeit, mit dem antisozialen Verhalten ihrer eigenen Landsleute zurechtzukommen.**

Ältere Menschen, die keine Verwandten sind, werden mit einem gewissen Respekt behandelt und wenn sie Hilfe brauchen, wird sie ihnen auch höflich gewährt. Voraussetzung ist die stillschweigende Übereinkunft, dass daraus keine weitergehenden Verpflichtungen entstehen.

Exzentriker

Der Rest der Welt hält die Gesamtheit der Engländer für exzentrisch. Für die Engländer selbst bietet exzentrisches Verhalten eine gute Möglichkeit, mit dem antisozialen Verhalten ihrer eigenen Landsleute zurechtzukommen. Also kultivieren die Engländer das Exzentrische gewissermaßen als etwas Po-

sitives und sogar Bewundernswertes. Es hilft natürlich ungemein, reich oder berühmt zu sein, um den Status eines Ex-
zentrikers zu erlangen. Aus diesem Grund wurde Lord Ber-
ners' schrullige Idee, seinen Taubenschwarm hübsch bunt zu
färben, damit sie im Flug einen Regenbogen darstellen könnten, mit Wohlwollen aufgenommen. Er war schließlich ein
Lord. Genauso tolerieren die Bewohner eines Vorortes die
Eskapaden einer älteren Stadtstreicherin, die in einem in
ihrer Straße abgestellten Auto haust, weil sie früher eine be-
rühmte Konzertpianistin war.

Exzentriker sind im Grunde von konventionellen Verhal-
tensregeln ausgenommen. Sie sind der lebende Beweis dafür,
dass Regeln gebrochen werden dürfen. Allerdings werden sie
nur geduldet, wenn sie sich ihrer Exzentrizität nicht bewusst
sind. Alles andere würde natürlich als Angeberei gewertet.

Migranten

Die Einwanderung nach England war zum großen Teil eine
Folge der Errichtung des *British Empire* in der Kolonialzeit.

> **Die Engländer halten es für selbstverständlich, dass andere danach streben, bei ihnen zu leben.**

Nachdem man Unmengen von
Siedlern in verschiedene entle-
gene Ecken der Welt geschickt
hatte, konnte man schlecht ein
wenig Gegenseitigkeit verwehren. Die Engländer halten es für
selbstverständlich, dass andere danach streben, bei ihnen zu
leben und für angemessen, manche aufzunehmen. Aber es
hatte wohl keiner mit der Zahl der Interessenten aus Osteu-
ropa gerechnet, die als Folge der EU-Politik der offenen Gren-

zen zwischen den Mitgliedstaaten ankamen. Heutzutage sorgen sich die Engländer, dass diese Gegenseitigkeit so weit geht, dass es diesmal umgekehrt ist und sie übernommen werden.

In jeder größeren Stadt in England gibt es eine bunte Mischung von Völkern. Von den Einwohnern Englands gehören ungefähr 6 Millionen (10 %) einer ethnischen Minderheit an und von diesen lebt etwa die Hälfte in London.

Es wird durchaus anerkannt, dass manche Aspekte des englischen Lebens positiv durch die Einwanderergemeinden beeinflusst worden sind. Hühnchen Tikka Masala (von findigen indischen Restaurantbetreibern erfunden) ist das mit Abstand beliebteste Gericht in England. Außerdem hat jeder,

>> **Die Einwanderer ihrerseits brauchen wohl auch einige Zeit, um ihre Gastgeber zu verstehen.**

der gerne spät im Laden um die Ecke einkaufen geht, Grund genug den Mr. und Mrs. Patels, die fast ausschließlich Betreiber dieser Läden sind, dankbar zu sein.

Die Engländer sehen aber nicht ein, warum Einwanderer, die seit Tagen, Monaten oder auch Jahren im Lande sind, erwarten, vollständig akzeptiert zu werden. Wenn man die Anpassung zu leicht machen würde, wäre das ein Hohn für die Tausende von Jahren der Einwanderung, die es gebraucht hat, um die Engländer selbst hervorzubringen.

Die Einwanderer ihrerseits brauchen wohl auch einige Zeit, um ihre Gastgeber zu verstehen. Es bedarf einiger Generationen, bevor sich ihre Einstellung auch nur so weit geändert hat, dass sie überhaupt als Engländer angesehen werden wollen.

Manieren & Etikette

Förmlichkeiten

Es wird den Engländern allgemein unterstellt, förmlicher zu sein, als sie eigentlich sind. Tatsächlich haben sie im alltäglichen Umgang miteinander weniger Hang zur Förmlichkeit als die Franzosen oder die Deutschen. Die früher so komplizierten Tischmanieren sind viel weniger steif, bis auf ein Gebot: „Denk nicht mal darüber nach, Messer oder Gabel anzufassen, bevor nicht auch der Letzte am Tisch sitzt" oder, wie in manchen Haushalten, bis der letzten Person aufgetragen wurde.

Das gegenseitige Vorstellen in einer Gruppe von Leuten ist unglaublich höflich und kann so lange dauern, dass am Ende alle die Namen wieder vergessen haben und man von vorne anfangen muss. Unter Kollegen ist

 **Die Engländer sind kein Kontakt-Volk.**

es selbst am Telefon üblich, sich mit Vornamen anzusprechen, auch bevor sich die Personen hinter dem Namen kennengelernt haben.

Körperkontakt

Was körperlichen Kontakt betrifft, sind die Engländer immer noch ausgesprochen reserviert. Sie sind kein Kontakt-Volk. Ein Handschlag, wenn er denn stattfindet, ist eine kurze, energische Angelegenheit, ohne Anzeichen ihn länger als nötig auszudehnen. Die Standardbegrüßung *How do you do* und ihre Antwort *How do you do* signalisieren das Ende des

Rituals und die Hände sollten zackig wieder zurückgezogen werden. Ausländer, die hinter der Floskel *How do you do* tatsächlich ein Fragezeichen vermuten und entsprechend reagieren, werden höflich zurückgewiesen.

Bei der Begrüßung alter Freunde gestatten sich die Engländer dem anderen einen Arm um die Schulter zu legen, was von ein paar Klapsen auf den Rücken begleitet wird, etwa wie das Zeichen der Aufgabe bei einem Ringkampf, um anzudeuten, dass das jetzt aber reichen muss. Frauen können sich auf eine oder beide Wangen küssen,

>> **Im öffentlichen Raum werden alle erdenklichen Anstrengungen unternommen, keine Fremden zu berühren.**

wobei der *miss-kiss,* ein angedeuteter Kuss in die Luft mit dem passenden Geräusch, etwa auf Höhe des Ohres, bevorzugt wird.

Männer können Frauen auch mit einem Kuss begrüßen, aber nur auf die Wange. Der Versuch einen Kuss auf beide Wangen zu platzieren, kann riskant sein, da die meisten Frauen nur einen erwarten, den Kopf für den zweiten nicht rechtzeitig drehen und dieser dann mitten auf dem Mund landet – was Anlass zu schlimmsten Befürchtungen geben kann, nämlich dass es eine absichtliche Masche war, eine Kuss-Vergewaltigung.

Im öffentlichen Raum werden alle erdenklichen Anstrengungen unternommen, keine Fremden zu berühren, nicht einmal versehentlich. Sollte es dazu kommen, folgen ausführliche Entschuldigungen (die man aber nicht als Gelegenheit für eine weitere Unterhaltung verstehen sollte).

Gestik

Kommunikation durch Gestikulieren mit den Händen wird mit tiefem Misstrauen betrachtet. Ausladende Gesten und geschmeidig sich windende Handgelenke werden als theatralisch (also unehrlich) und weibisch angesehen oder deuten auf eine ausländische Herkunft hin.

Die Engländer setzten Handgesten nur ein, wenn sie unbedingt nötig sind, also wenn man jemandem den Weg zeigt. Ein leichtes Kopfnicken lässt erkennen, dass man den anderen wahrgenommen hat, mit einem kleinen Handwinken auf Taillenhöhe kann man andeuten „Bitte, nach Ihnen".

Eine mehr als nachdrückliche Andeutung, um nicht zu sagen Beleidigung, bedeutet das V-Zeichen (aber anders als beim Victory-Zeichen mit dem Handrücken nach außen) und ist wohl erstmals von den englischen Bogenschützen in der Schlacht von Agincourt (1415) benutzt worden, als sie knapp außerhalb der Reichweite der feindlichen Pfeile standen.

>> ‚Nice' ist der Inbegriff eines englischen Wortes, dessen Bedeutung nur durch den Zusammenhang entschlüsselt werden kann.

Vermutlich wollten sie damit andeuten, dass sie noch im Besitz ihrer Bogenfinger sind, die ihnen die Franzosen bei einer Gefangennahme abgeschnitten hätten. Was immer die Wahrheit sein mag, diese Geste macht jedes weitere Wort überflüssig.

Nett sein

„Nice" (soviel wie, aber natürlich nicht genau: „nett") ist der Inbegriff eines englischen Wortes, dessen Bedeutung nur durch seinen Zusammenhang entschlüsselt werden kann. Da es unspezifisch und harmlos ist, kann es bei jeder Gelegenheit genutzt werden, um eine damit eine unverbindliche Zustimmung auszudrücken, sei es zum Wetter oder zu Arbeitsmethoden. Die Negativform „*not very nice*" ist in der Bedeutung so breit gefächert, dass es sich auf Unsitten vom Nasebohren bis hin zum Kannibalismus beziehen kann.

Die Engländer werden mit dem Wort „*nice*" groß. Als Kinder werden sie von anti-sozialem Verhalten mit einem: „*That´s not nice*" abgehalten. Wenn sie dann ihre ersten Gehversuche in Konversation machen, können sie dieses Wort schon mit tödlicher Präzision anwenden. Vielleicht benutzen sie es sogar wie ihre Eltern in Form eines sarkastischen Tadels: „*That´s nice! That´s very nice!*" – „Na, prima! Ganz toll!".

Bitte und Danke

Die erste Regel, der Engländer schon in zartem Alter begegnen, ist, wie wichtig es ist, „Bitte" und „Danke" zu sagen – *Please*" und „*Thank you*". Um etwas zu bit-

> **》 Es scheint, als ob die Engländer ständig um etwas bitten, sich bedanken oder sich entschuldigen.**

ten, sich zu bedanken und vor allem sich zu entschuldigen haben eine zentrale Bedeutung für die Kommunikation der Engländer und so scheint es, als ob sie das eigentlich ständig tun. „*Excuse me*", „*I´m sorry to tell you…*", „*I´m afraid…*" („Verzeihung", „Ich bedaure, Ihnen mitteilen zu müssen…", „Ich fürchte…"), selbst wenn die Sache gar nichts mit Verzeihen, Bedauern und Fürchten zu tun hat, dienen zum Schmieren des sozialen Räderwerks, sollen die Gefühle des Anderen schonen und das Leben miteinander auf einer kleinen, überfüllten Insel etwas erleichtern.

»Es ist so gut wie unmöglich, verbal zu dankbar zu sein, etwas zu sehr zu bedauern oder zu höflich zu sein.

Für Außenstehende ist es schwierig zu lernen, wie man das notwendige Vokabular handhabt. Der Ausgangspunkt liegt aber in dem Verständnis, dass es so gut wie unmöglich ist, verbal zu dankbar zu sein, etwas zu sehr zu bedauern oder zu höflich zu sein, wenn es drauf ankommt. Folglich wird ein Engländer oder eine Engländerin, auf deren Zeh Sie treten, *„so sorry"* sein, wahrscheinlich dafür, dass er oder sie es dieser störenden Gliedmaße gestattet hat, jemandem im Wege zu stehen. Er oder sie wird sich auch herzlich dafür bedanken, wenn Sie damit aufhören draufzutreten.

Ein Mangel an Überschwänglichkeit in der Dankbarkeits- oder Entschuldigungsabteilung führt leicht dazu, dass man in die *„not very nice"*-Ecke verbannt wird, aus der man nicht so leicht wieder herauskommt.

Bräuche & Traditionen

Tradition verkörpert für den Engländer Kontinuität, die unter allen Umständen bewahrt werden muss. Sie gibt ihnen ein Gefühl von Dauerhaftigkeit in Zeiten des Wandels. Wie der Lieblingspullover mit löchrigen Ärmeln gibt sie einem das angenehme Gefühl des Vertrauten. Das Wort „traditionell" bedeutet im erweiterten Sinne, dass sich etwas über die Zeit bewährt hat und deshalb bewahrt werden sollte, wie die roten Briefkästen, Strickjacken, Marmite-Würzpaste, Orangenmarmelade, Feiertage, Ligusterhecken, wild gemusterte Teppiche, Wärmflaschen und Gummistiefel.

Zeremoniell

Das Zeremoniell, das öffentliche Zurschaustellen von Traditionen, ist etwas, worin die Engländer besonders gut sind. Bei Staatsakten versammeln sich große Gruppen von Männern meist aristokratischer Abstammung (die sonst in Kasernen gesperrt werden) in ihren Prunkuniformen, um ausdauernd und mit grimmigem Blick vor dem jeweiligen Staatsoberhaupt hin

>> **Die Engländer klammern sich hartnäckig an ihre Vergangenheit, weil sie unendlich glorreicher war als die Gegenwart.**

und her zu marschieren. Dabei werden sie lautstark von einer Blaskapelle begleitet, die vornehmlich deutsche Musik spielt. Die Engländer klammern sich hartnäckig an ihre Vergangenheit, weil sie unendlich glorreicher war als die Gegenwart. Sie bewahren Dinge nicht wegen ihres Wertes für die Gegenwart, sondern um der Vergangenheit selbst willen.

Die Pferdehaarperücken der Richter, das schlecht gesungene „*Abide with me*" vor einem Endspiel, die Weihnachtsansprache der Königin ans Commonwealth, das Bootsrennen zwischen Oxford und Cambridge, der Schifffahrtswetterbericht im Radio, die „*Last Night of the Proms*" – all dieses verbindet das Zeremonielle mit dem Traditionellen und vermittelt ein Gefühl der Sicherheit und Beruhigung.

Trotzdem sehnen sich die Engländer auch nach Veränderung. Keine revolutionäre Veränderung freilich (zu laut) und auch keine Anarchie (zu extrem) – eher suchen sie nach einer Möglichkeit, auf eine neue Art und Weise alles genauso traditionell zu machen wie vorher. Sie streben ein verheißungsvolles Morgen an, gebadet in das warme Licht des Gestern. Und manchmal schaffen sie es, den kollektiven Willen darauf zu richten, einen neuen Weg zu finden, alles beim Alten zu lassen.

Familientreffen

Obwohl die Engländer das Volk mit dem am wenigsten ausgeprägten Familiensinn der Welt sind, würde es einem Engländer nicht im Traum einfallen, Weihnachten an einem anderen Ort als im trauten Kreise der Familie zu verbringen. Dieses jährliche Freudenfest endet fast

>> **Abgesehen von Weihnachten schaffen es Familien weitgehend, sich den Rest des Jahres zu meiden.**

immer in Tränen und viele Familien brauchen erst einmal ein halbes Jahr um darüber hinwegzukommen. Aber die Tradition geht vor und wenn Oktober naht, scheinen sie das Chaos des letzten Jahres verdrängt zu haben und fangen schon mit der Planung des nächsten Familienweihnachtsfestes an.

Abgesehen von Weihnachten schaffen es Familien weitgehend, sich den Rest des Jahres zu meiden, ausgenommen Pflichtveranstaltungen wie Taufen, Hochzeiten und Beerdigungen. Davon sind Taufen und Beerdigungen die beliebtesten, weil sie am kürzesten sind. Hochzeiten muss man durchstehen. Die Planungen dazu beginnen früh, wie auch der Streit darüber. In den Buchhandlungen wimmelt es von Etikette-Ratgebern, die genau vorgeben, wer dafür zuständig ist, was zu organisieren, wer das Brautkleid bezahlen muss, die Blumen, die Kirche, den Chor, den Organisten, den Empfang, das Essen, die Fotografen und den Krankenwagen. Jedes Detail wird monatelang durchgekaut, bis hin zum Schicksalstag und sogar darüber hinaus. Es überrascht später keinen der vielen Überlebenden solcher Anlässe aus der Zeitung zu erfahren, dass der Brautvater einen Prozess gegen die Eltern

> **Es ist ein Sieg englischer Hoffnung über englische Erfahrung, dass solche Familienzusammenkünfte überhaupt stattfinden.**

seines Schwiegersohnes bezüglich ausstehender Zahlungen eingeleitet hat, noch während das glückliche Paar in den Flitterwochen weilte.

Es ist ein Sieg englischer Hoffnung über englische Erfahrung, dass solche Familienzusammenkünfte überhaupt stattfinden.

Guy Fawkes

Am 5. November veranstalten die Engländer ein Feuerwerk und tragen große Haufen an Holz, alten Möbeln und anderem Müll für Feuer zusammen, um die Puppe von jemandem zu verbrennen, der 1605 das Parlament in die Luft sprengen wollte. Guy Fawkes vergeblicher Versuch wird nicht deshalb gefeiert, weil er daran gehindert wurde, den König zu töten (der extrem unbeliebt war), sondern weil er mutig versuchte, eine Veränderung herbeizuführen.

Obsessionen

Die Franzosen halten eine gewisse Besessenheit für eine notwendige Vorraussetzung für jegliche Kreativität (und unerlässlich um ein guter Liebhaber

>> Für die Engländer gehören Obsessionen eindeutig zum Freizeitvergnügen.

zu sein). Für die Deutschen ist sie ein Beweis für professionelles Können, Durchhaltevermögen und Ernsthaftigkeit. Für die Engländer gehören Obsessionen eindeutig zum Freizeitvergnügen und jegliche Anzeichen einer Besessenheit in beruflicher oder intellektueller Hinsicht deuten darauf hin, dass das Leben aus dem Gleichgewicht geraten ist. Zu den gesellschaftlich akzeptierten Obsessionen gehören:

Das Zuhause

„An Englishman´s home is his castle". Ob es ein Landsitz ist, ein Reihenhaus in der Vorstadt oder ein möbliertes Zimmer, für einen Engländer ist sein „Heim und Herd" Mittelpunkt des Lebens. Wenn man bei einem Engländer zu Hause eingeladen ist, wird man erst einmal auf einen Rundgang durchs Haus mitgenommen. Dabei handelt es sich um eine langwierige und ausführliche Begutachtung der Heimstatt Ihres

Gastgebers, wobei besonders auf die neuesten Verschönerungen und Verbesserungen hingewiesen wird („…und schauen Sie hier, das Kugelventil, dass ich in der Gästetoilette installiert habe, es funktioniert so gut, dass sich diese Investition wirklich gelohnt hat…").

Egal ob innen oder außen, die Bewohner sind unablässig damit beschäftigt ihr Heim zu verschönern, kleben neue Tapeten, kacheln die Dusche, schrauben Möbel zusammen oder verwandeln ihr kleines Vorstadthäuschen in einen gotischen Alb-

>> **Die Bewohner sind unablässig damit beschäftigt ihr Heim zu verschönern.**

traum mit Bogenfenstern, natursteinverkleideten Mauern und Metallbeschlägen an den Türen (die Engländer haben eindeutig eine Vorliebe für alles, das vorgibt, etwas anderes zu sein).

Englische Häuser befinden sich durch diese „Verschönerungen" geradezu im Belagerungszustand. Häufig mindern die Verschönerungen den Marktpreis des Hauses um etliche tausend Pfund und können den Niedergang des ganzen Viertels einleiten, aber sie sind der ganze Stolz Ihres Gastgebers.

Weil die Engländer so begeisterte Heimwerker sind, müssen über kurz oder lang englische Klempner, Tischler, Stukkateure und Elektriker gerufen werden, um den Schaden wiedergutzumachen. Die Handwerker bilden eine selbstbewusste Elite und sind dermaßen gesucht, dass sich ihr Stundenlohn etwa mit dem von Madonna vergleichen lässt. Normalerweise fahren sie (etliche Stunden zu spät) in ihrem Porsche vor, schauen sich an, was zu tun ist, ziehen den Atem scharf ein, um dann zu verkünden: „Das wird teuer."

Der Garten

Die Engländer fühlen sich im Garten am ehesten zu Hause. Sie wachsen über sich hinaus, wenn sie draußen sind. Das Gärtnern ist der Volkssport schlechthin und der „grüne Daumen" eine Missbildung, auf die man stolz ist. Die ersten Frühlingsklänge sind nicht der Ruf des Kuckucks, sondern die – hier zur Veröffentlichung ungeeigneten – Flüche des Gärtners, der gerade feststellt, dass sein Rasenmäher nicht anspringt. Dieser Urschrei erweckt den Rasenmäher aus seinem Winterschlaf und schon geht's los.

Im Sommer, während überall auf der Welt die Leute draußen sitzen und ein Schwätzchen halten, widmen sich die Engländer gärtnerischen Aufgaben, die eines Herkules würdig wären. Sie zupfen das Unkraut aus riesigen Blumenrabatten, bauen Steingärten, ziehen Riesenkürbisse für das nächste Dorffest heran und köpfen ihre verblühten Astern. Eine passionierte Gruppe Gartenliebhaber züchtet Kohl und Möhren in der englischen Version der Schrebergärten (Gemeindeland, das an Gartenlose verpachtet wird). Einige Leute warten ihr halbes Leben auf eines dieser kleinen Grundstücke mit einem morschen Schuppen drauf, um endlich das ganze Wochenende Gemüsegärtner spielen zu können.

> **» Einige Leute warten ihr halbes Leben auf einen Schrebergarten mit einem morschen Schuppen drauf.**

Sollte sich eine gewisse Eintönigkeit einstellen, besuchen sie anderer Leute Gärten, möglichst solche, die einen Herrensitz umgeben. Mit frischer Energie fahren sie nach Hause, mit einem Umweg über das Gartencenter, wo sie ihren Kofferraum mit Pflanzen, Gerätschaften, Teichfolie und Kompost füllen.

Ob bei Regen oder Sonnenschein, das heißt meistens bei Regen, mulchen und schnippeln sich die Engländer durch das Jahr und erfreuen sich an den Früchten ihrer Arbeit.

Gartenzwerge

Der Gartenzwerg enthüllt eine verborgene Seite der Engländer, nicht ein Andenken an eine heidnische Vergangenheit, sondern eine Sehnsucht nach der Zeit vor dem Erwachsenwerden, nach der Kindheit, von der die Engländer denken, dass sie sie hinter sich gelassen haben. Wie die klassische Skulptur im Park eines Herrenhauses sitzt der Gartenzwerg in den Vorstadtgärten und schwingt seine Angelrute. Ob grell bemalt wie eine Märchenfigur oder grau und verborgen, Gleichgültigkeit vortäuschend, ist er häufig in der Gesellschaft von Elfen und romantischen Gartengedichten zu finden. Zusammen mit einer verschnörkelten Sonnenuhr und einem Namen wie aus einem Kinderbuch von Enid Blyton am Tor – *„Bide-a-wee"* (Verweil-ein-wenig), *„Kenada"* (Heim von Kenneth und Ada) oder *„Olcote"* (Our Little Corner of This Earth, Unser kleines Fleckchen Erde) –, erschaffen sie eine eigene kleine Welt, in der der Engländer ein freundlicher Riese sein darf.

>> **Wie die klassische Skulptur im Park eines Herrenhauses sitzt der Gartenzwerg in den Vorstadtgärten und schwingt seine Angelrute.**

Eine schöne Tasse Tee

Während andere Leute zur Stärkung etwas Handfesteres brauchen, genügt der englischen Konstitution schon etwas Tee. Dem Tee werden alle möglichen Heilkräfte und beruhigende Eigenschaften nachgesagt. Bei einer Krise, als Heilmittel gegen Schock oder auch nur bei geselligen Treffen wird zwangsläufig jemand vorschlagen Tee zu trinken. Es ist eine gesellschaftlich akzeptierte Sucht. Mit Tee meint der Durchschnittsengländer schwarzen Tee mit Milch und Zucker, vorzugsweise intensiv und kupferfarben. Um die Zubereitung einer Kanne Tee, ob mit Teebeuteln oder mit losem Tee, ranken sich etliche volkstümliche Rituale.

>> Tee zu trinken ist eine gesellschaftlich akzeptierte Sucht.

Zuerst muss die Teekanne vorgewärmt werden. Dann muss man den Tee nach der Zubereitung beiseite stellen und ziehen lassen – aber nicht zu lange. Dann wird in jede Tasse kalte Milch gegossen und der Tee hinzugefügt. Bei Bedarf wird er noch mit heißem Wasser verdünnt, meistens aber pur, unverdünnt und stark getrunken.

Bei Versammlungen in Gemeindehäusern wird der Tee in riesigen Behältern, die russischen Samowaren ähneln, zubereitet. Diesen sollte man mit Vorsicht genießen. Die Flüssigkeit, die aus diesen Behältern quillt, lässt sich am besten als „Kantinentee" beschreiben – die Sorte, die auch ohne Tasse steht.

Freizeit & Vergnügen

Freizeitaktivitäten und Sport enthalten beide ein Element des Wettkampfes, das für die Engländer sehr wichtig ist. Der erfolgreiche Geschäftsmann, der im Park seinen Modellhubschrauber fliegen lässt, hofft unterbewusst auf einen anderen Überflieger mit einem ähnlichen Spielzeug, gegen den er konkurrieren kann. Der Mann, der am Sonntagmorgen in der Vorstadt sein Auto putzt, liefert sich einen Wettstreit mit seinem Nachbarn, dessen Polierleder

>> **Im Freizeitpark kann das traditionell beliebte Ritual des Schlangestehens voll ausgelebt werden.**

mit jedem Schwung angestrengt ächzt. Sogar ein friedliches Bier im Pub kann sich zu einem Wetttrinken auswachsen, wenn der richtige Gegner auftaucht.

Vergnügungsparks sind mit Abstand die wichtigsten Lieferanten für Spaß bis zum Gehtnichtmehr. Die Rolle des passiven Konsumenten, wie in Disneyland, ist nichts für die Engländer. So vernünftig und vorsichtig die Engländer auch sonst sind, im Freizeitpark entpuppen sie sich als heimliche Adrenalinjunkies. Der ideale Selbsterfahrungstest besteht aus einem Parcour, bei dem man Fallschirmspringen, Höhlenklettern, Schlittenrennen und Wildwasserfahren wie bei der Ausbildung einer militärischen Spezialeinheit kombinieren kann.

Im Freizeitpark kann das traditionell beliebte Ritual des Schlangestehens voll ausgelebt werden, an Attraktionen wie dem *Deathdive* (Todessturz), *Nemesis, Suicide Ride* (Selbstmordfahrt) und Du-bist-wohl-total-wahnsinnig-hier-mitfahren-zu-wollen.

Ein naher Verwandter des Vergnügungsparks ist der Safaripark, ein Versuch verarmter Aristokraten den Gerichtsvollzieher auf Abstand zu halten, indem sie ihren weitläufigen Grundbesitz mit großen Raubtieren aus Afrika bevölkern und Besuchern gegen Geld gestatten, auf ihrem Gelände herumzufahren, in der Hoffnung diese Tiere zu erspähen. Auf großen Warnschildern werden die Besucher aufgefordert, ihre Fenster geschlossen zu halten, was die meisten Engländer dazu reizt, die Fenster ein kleines bisschen offenzulassen, um der Möglichkeit, ein kleines bisschen zerfleischt zu werden, eine Chance zu geben.

Sport

Sport bietet den Schauplatz, auf dem die Engländer ihre Reserviertheit, ihren stoischen Gleichmut und – anscheinend – ihren gesunden Menschenverstand hinter sich lassen können und einen geradezu kontinentaleuropäischen Enthusiasmus zeigen.

>> **Es gibt mehr Leute, die angeln, als solche, die Fußball spielen.**

Der populärste Breitensport ist Fischen – was die Engländer auch als Angeln *(„angling")* bezeichnen, weil sich das eher so anhört, als wäre dazu ein gewisses Können erforderlich. Es gibt mehr Leute, die angeln, als solche, die Fußball spielen. Sonntags morgens findet man Reihen von Männern am Ufer von Gewässern sitzen, die, umgeben von Plastikeimern mit Maden, einsam auf ihre Schnur starren.

Das Spannendste, was man sehen kann, ist, dass sie mal zur Thermosflasche oder zum mitgebrachten Butterbrot greifen. Falls zufällig doch mal ein Fisch gefangen werden sollte, wird er meistens wieder ins Wasser geworfen.

Aber die eigentliche Leidenschaft der Engländer für Sport liegt darin, den anderen dabei zuzuschauen, am besten mit etwas Knabberzeug ausgestattet. Sport zu schauen bietet sowohl ein Ventil für unterdrückte Gefühle, wie auch ein Gefühl der Stammeszugehörigkeit. Eine

》》 Die eigentliche Leidenschaft der Engländer für Sport liegt darin, den anderen dabei zuzuschauen.

große Anzahl an Fußballfans sitzt, bei Bier und Chips, die ganze Nacht vor dem Fernseher, um sich die 44. Wiederholung eines Tores anzuschauen. Selbst wenn sie sich die Gebühren des privaten Sportkanals nicht leisten können, sorgen sie immer dafür, dass ihre Kinder die neuesten Fanartikel ihres Vereins haben, egal wie oft dieser das Design ändert und egal was es kostet. Hardcore-Fans postieren sich persönlich vor den gegnerischen Zuschauertribünen oder an der Seitenlinie, um sie auszubuhen, häufig bei Temperaturen unter Null oder bei Sturm und Regen. Nichts kann ihre Leidenschaft bremsen.

Der englische Fan ist Verlieren gewohnt und zieht eine Art masochistisches Vergnügen aus der Fähigkeit seines Teams, den Klauen des Sieges noch in letzter Sekunde eine Niederlage zu entreißen oder wenigstens ein Unentschieden zu erzielen. Eine Ausnahme bilden die Fans von Manchester United, die von ihrem Team immer einen Sieg erwarten und erbärmlich jammern, wenn es nicht gewinnt. Manchester United hat die größte Fangemeinde der Welt. Jede Ausgabe ihre Klubzeitschrift verkauft sich in einer ungeheuren Auflage – allein in Taiwan sind es 30.000 Exemplare.

Cricket

„Hätte Stalin je Cricket spielen gelernt, wäre die Welt jetzt ein besserer Ort", behauptete 1948 ein englischer Bischof. Für die Engländer ist Cricket nicht nur ein Spiel, es ist ein Symbol – die aus 22 Personen bestehende Personifikation der englischen Weltsicht und Philosophie. Ignorieren Sie Cricket auf eigene Gefahr. Die Engländer haben eine ganze Reihe von Ausdrücken aus dem Cricket entlehnt, mit denen Sie dann belegt werden könnten: Sie könnten *„on a sticky wicket"* sein (ursprünglich: auf weichem Untergrund spielen, in Schwierigkeiten sein), oder man beschuldigt Sie *„not to have put your best foot forward"* (nicht Ihr Bestes gegeben zu haben) oder *„not playing a straight bat"* (also unehrlich zu sein), alles kaum erstrebenswerte Zuschreibungen.

>> **Die Cricket-Regeln werden verschlüsselt an Eingeweihte weitergegeben.**

Die Engländer haben Cricket vor 750 Jahren erfunden und verteidigen ihren Anspruch darauf eifersüchtig. Seine Regeln werden verschlüsselt an Eingeweihte weitergegeben. Die Geheimsprache enthält Anweisungen wie *„square leg"*, *„bowling a maiden over"* und *„waiting for a tickle in the slips"*. Vielleicht sind diese unübersetzbaren Ausdrücke schuld daran, dass Cricket in den meisten Ländern nicht populär geworden ist.

Freizeit & Vergnügen

Allerdings haben die Engländer das Spiel in dem von ihnen beherrschten Teil der Welt verbreitet und immer gewonnen. Nach und nach sind die nunmehr selbstständigen Nationen besser geworden und nun gibt es für die Engländer praktisch überall eine gute Chance zu verlieren.

Die Leute, die sich für Cricket interessieren, tun es leidenschaftlich; denen, die sich nicht dafür interessieren, ist es total gleichgültig. Weiß gekleidete Gruppen von Männern stehen am Rande des örtlichen Spielfeldes oder vor der Fernsehleinwand und warten, dass etwas passiert. Cricket zu beobachten

» Cricket zu beobachten hat etwas von transzendentaler Meditation: der Geist leert sich langsam, der Mund wird schlaff, man fängt an zu sabbern.

hat etwas von transzendentaler Meditation: der Geist leert sich langsam, der Mund wird schlaff, man fängt an zu sabbern. Wenn man dann vollständig komatös ist, hört man nach vielen Stunden aus weiter Ferne den Ruf: *„Owzat?!"* (*„How is that?"* – die Anfrage an den Schiedsrichter, ob etwas regelkonform war).

Beim Cricket passiert nämlich so wenig, dass es üblich ist, der Gegenseite zu unterstellen, sie habe gemogelt, also etwa die Oberfläche des Balls angeraut (und damit die zu erwartende Flugbahn verändert), den Schlagmann mit Beleidigungen aus dem Konzept gebracht oder für ein Ganztages-Match viel zu schnell gespielt. Alles Dinge, die einfach nicht dem Geist des Cricket entsprechen, wie die Engländer nachdrücklich betonen.

Streifzüge

Wenn schlechtes Wetter droht, verlassen die Engländer den Schutz ihres warmen Zuhauses, um draußen wandern zu gehen. Schlechtes Wetter ist der ultimative Feind, ein würdiger und vertrauter Gegner. Von Kopf bis Fuß in wasserfeste Kleidung gehüllt, machen sie sich, innerlich gestählt, mit der Landkarte in einer Plastiktasche um den Hals auf den Weg zu ausgedehnten Wanderungen durch die Natur. Bergauf, bergab folgen die Engländer streng unter Schutz stehenden Fußwegen auf ihren Märschen, die sie etwas trügerisch *„rambles"* (Streifzüge) nennen.

>> **In den Sommermonaten reisen sie viele Kilometer zu Orten wie dem Grimpen Mire oder dem Lake District, wo Regen fast garantiert ist.**

In den Sommermonaten reisen sie viele Kilometer zu Orten wie dem *Grimpen Mire* oder dem *Lake District,* wo Regen fast garantiert ist, um ihr Durchhaltevermögen am Schlimmsten, was die Natur ihnen entgegenzusetzen hat, auszutesten.

Der Kampf gegen die Elemente ist so beliebt, dass findige Unternehmer sogar Kurse mit den größtmöglichen Unbequemlichkeiten in abgelegenen und unwirtlichen Ecken des Landes anbieten und die Kunden ansehnliche Summen dafür zahlen, eine echte Herausforderung geboten zu bekommen. Diese, etwas romantisch verklärt als Überlebenstraining bezeichneten Kurse sind so begehrt, weil sie vermeintlich charakterbildend wirken. Viele *„stiff upper lips"* sind jedenfalls garantiert – durchhalten und sich nichts anmerken lassen.

Nervenkitzel

Ein Tag beim Pferderennen, besonders die Karnevalsstimmung bei einem der klassischen Rennen wie dem *Grand National* oder dem *Derby*, ist eine Quelle praktisch ungetrübten Vergnügens. Im Gegensatz dazu erzeugt das Betreten eines Wettbüros einen ähnlichen Nervenkitzel wie das Betreten einer illegalen Kneipe im Chicago der 1920er Jahre. Die englische Gesetzgebung zum Glücksspiel besagt nämlich, dass diese schändlichen Aktivitäten von außen nicht einsehbar sein dürfen, also gibt es Milchglasfenster und Plastikfransenvorhänge in der Tür.

>> **Wettbüros sind das perfekte Beispiel für die englische Tradition, sich Annehmlichkeiten so unangenehm wie möglich zu machen.**

Das Innere ist dämmrig und kahl, ohne Tische oder Sitzgelegenheiten, es gibt nur ein schmales Brett auf Brusthöhe, auf dem man seine Wettscheine ausfüllen und an dem man sich anlehnen kann, während man in düsterer Erwartung das Rennen verfolgt. Der Boden dient als Abfalleimer.

Wettbüros sind das perfekte Beispiel für die englische Tradition, sich Annehmlichkeiten so unangenehm wie möglich

zu machen. Die Enttäuschung, auf einen Verlierer gesetzt zu haben, wird immerhin durch die Erleichterung abgemildert, diesen Laden nicht wieder betreten zu müssen, um den Gewinn zu kassieren.

Der Jahresurlaub

Traditionell verbrachten Familien ihre Ferien früher fast immer in einem der vielen englischen Badeorte, wo sich die Seeluft mit dem Geruch von *fish and chips* vermischt. Hier verkaufen Läden an der Promenade Plastikeimer, Sandschippen, Luftmatratzen, Zuckerwatte, kandierte Äpfel, Zuckerstangen und zweideutige Postkarten. Es gibt immer noch viele Familien, die dort Urlaub machen. Sie schlagen ihr Lager aus bunten Strandmuscheln und Windschutzwänden am Strand auf und verbringen dort ihre Tage, entschlossen, ihr Eis auch bei eisigen Temperaturen zu genießen und mit nassem Sand in allen Ritzen.

Die weltgewandteren oder abenteuerlustigeren Engländer fahren auf den Kontinent – irgendwohin, wo es sonnig und heiß ist – um in einem anderen Badeort zu sitzen. Der Ansturm auf die begrenzte Anzahl an

>> **Ferien sind der Hauptzweck im Leben der Engländer.**

Orten, die günstig genug sind, um attraktiv zu sein, sorgt dafür, dass sich dort genügend Läden von dem Verkauf von *fish and chips* halten können. Bei frittiertem Essen und Seeluft fühlen sich die Engländer dann ganz zu Hause.

Französische Küche oder kleine, charmante, italienische Trattorias mögen einige wenige betören, die große Masse möchte aber lieber dorthin, wo es bunte Läden, Spielhallen und warmes Bier gibt.

Ferien sind der Hauptzweck im Leben der Engländer. Man fängt schon auf dem Rückweg nach Hause an, Pläne für den nächsten Urlaub zu schmieden. Sollte einem als Gast je der

Gesprächsstoff ausgehen, braucht man nur zu fragen: „Haben Sie schon Pläne für den nächsten Urlaub?" und kann sich zurücklehnen.

Sex

Während andere Nationen ihre Sexualität feiern, manche mehr, manche weniger, betrachten die Engländer die ihre als einen inneren Feind.

Daran sind großteils die Puritaner schuld. Sie haben dieses Thema vor Hunderten von Jahren tief unter der Erde verbuddelt und dort ist es seitdem vor sich hin gewuchert, hat die Blüte der englischen Jugend erstickt und mitunter den gesamten Gartenplan durcheinandergebracht. Aber anstatt das ganze Feld einmal umzupflügen, haben sich die Engländer jahrhundertelang nur zaghaft mit Spaten und Forke darangemacht. Das ist eigenartig, weil sich die Engländer, wenn es um andere Dinge geht, unerschrocken der Konfrontation stellen. In allen anderen emotionalen oder psychologischen Angelegenheiten gehen die praktischen Engländer, den Teekessel im Schlepptau, die Dinge beherzt an und handeln, während zartbesaitetere Nationen noch daneben stehen und zögern. Wenn es aber um Sex geht, macht sich immer noch der Einfluss weniger aufgeklärter Zeitalter bemerkbar, er ist umgeben von Mythen und Tabus.

>> **Wenn es um Sex geht, macht sich immer noch der Einfluss weniger aufgeklärter Zeitalter bemerkbar.**

Die Engländer lesen gerne über Sex. Die Zeitungen sind voll von Bettgeschichten anderer und die Fehltritte von Prominenten sorgen ständig für angenehme Aufregung. Aber sicherer und vielleicht eher nach englischem Geschmack sind sexuelle Andeutungen. Sie sind schon völlig zufrieden, wenn sie über Sex kichern können.

Selbst beim Sex gibt es Klassenunterschiede. Einen Gentleman erkennt man daran, dass er sein Eigengewicht immer mit den Ellbogen abfängt und auch im intimsten Augenblick nicht vergisst, seiner Gastgeberin für den Empfang zu danken, woraufhin sie sich für sein Kommen bedankt.

Sinn für Humor

Die Engländer haben einen einzigartigen Sinn für Humor. Sie können die sarkastischsten und witzigsten Bemerkungen von sich geben, ohne eine Miene zu verziehen.

>> **Die Engländer haben einen einzigartigen Sinn für Humor. Sie können die sarkastischsten und witzigsten Bemerkungen von sich geben, ohne eine Miene zu verziehen.**

Ihr Humor ist mehr als nur breit gefächert: Er hat eine Vielschichtigkeit, einen surrealistischen Einfallsreichtum und eine Raffiniertheit, die von keiner anderen englischsprachigen Kultur erreicht werden.

Er kann intelligent und ironisch sein wie in dem Film ‚Vier Hochzeiten und ein Todesfall‘. Er kann schmutzig sein wie in der Fernsehserie „Benny Hill“ oder den ‚Carry on‘-Filmen. Er kann satirisch sein wie in „Spitting Image“, surreal wie bei „Monty Python“ oder bemitleidenswert wie „Mr. Bean“. Und niemand bringt einen so zielsicher zum Fremdschämen wie die Figuren in „*The Office*" oder „*Little Britain*".

In den Augen der Engländer können einem fast alle gesellschaftlichen Sünden vergeben werden, solange man darüber lachen kann. Tatsächlich erwächst das größte Misstrauen der Engländer gegenüber Ausländern aus deren Unfähigkeit, den englischen Sinn für Humor zu begreifen, was zu der Schlussfolgerung führt, dass sie selber keinen haben.

Der gemeinsame Nenner ist die Fähigkeit und die Bereitschaft, aus Aufgeblasenheit und übermäßigem Stolz die Luft abzulassen – angefangen bei sich selbst. Nichts hat die Beliebtheit der verstorbenen Prinzessin Diana so gefördert wie ihre selbstironische Bemerkung, dass sie in der Schule wohl keine

>> **In England ist Verstand optional, Sinn für Humor ist Pflicht.**

Leuchte gewesen sei. Die Tatsache, dass sie bereit war, dies zuzugeben und darüber zu lachen, hat ihre eventuelle Dummheit mehr als wettgemacht. In England ist Verstand optional, Sinn für Humor ist Pflicht.

Im Alltag, besonders am Arbeitsplatz, ist Humor der Balsam, der das Leben erträglich macht. Egal wie müde, lahm oder grob die Witze auch sein mögen, wie aufreibend oder nervig die Streiche, ist es ratsam darüber herzhaft zu lachen, denn sonst könnte man für immer als ernsthaft verschrien sein oder schlimmer, als jemand, der sich selbst zu ernst nimmt.

Da die Engländer selten das sagen, was sie meinen, und zu Verschlossenheit und Untertreibung neigen, basiert ihr

Humor zum Teil auf der Übertreibung dieser Facette ihres Charakters. Während sie in einer Unterhaltung Wahrheiten vermeiden, die zu einer Konfrontation führen könnten, können sie sich genau darüber lustig machen. Zum Beispiel:

> Bei einem Dinner auf einem großen Landsitz trinkt einer der Gäste zu viel und sackt über dem Tisch zusammen. Der Gastgeber klingelt nach dem Butler und sagt: „Smithers, würden Sie bitte ein Zimmer bereiten. Dieser Gentleman hat sich freundlicherweise dazu bereit erklärt, über Nacht zu bleiben."

Der englische Humor feiert auch Schwächen und Verletzlichkeit mit Selbstironie, um daraus eine Überlegenheit zu machen. Viele der beliebten englischen Fernsehserien handeln von Leuten, die in den Augen der Gesellschaft Verlierer sind. Es ist nicht das Versagen, das komisch ist, vielmehr das heldenhafte Streben nach Erfolg. Da ist zum Beispiel die Sitcom „Dad's Army", in der eine Gruppe älterer Männer und ein argloser Jugendlicher im Zweiten Weltkrieg eine Heimatschutztruppe gründen, um ihren abgelegenen Winkel des Landes zu verteidigen. Die Komik entsteht nicht nur dadurch, dass die stümperhaften Amateure sich im Falle einer Invasion für unbesiegbar halten (und deshalb der unerbittlichen Professionalität der Deutschen haushoch überlegen), sondern auch, weil sie es sogar irgendwie schaffen, den Zuschauer davon zu überzeugen.

>> **Es ist nicht das Versagen, das komisch ist, vielmehr das heldenhafte Streben nach Erfolg.**

Die Engländer sind in ihrem Selbstbewusstsein so gefestigt, dass sie sich problemlos über sich selbst lustig machen können. Sollte man sich über einen unangenehmen Aspekt des Lebens in England beschweren, werden sie genüsslich Geschichten beisteuern über Züge, die nie ankommen, über Wirrungen der Bürokratie, die ehrliche Bürger in den Selbstmord getrieben haben oder über Essen, das so widerlich ist, dass selbst ein Hund es nicht essen würde (jedenfalls kein englischer Hund).

Beim englischen Humor geht es sowohl um Selbsterkenntnis, wie auch um die Fähigkeit, über sich selbst zu lachen: *„I thought my mother was a rotten cook, but at least her gravy used to move about a bit."* – 'Ich habe meine Mutter immer für eine schlechte [verrottete] Köchin gehalten, aber wenigstens hat sich ihre Soße manchmal etwas bewegt.'

Ein charakteristischer englischer Gesichtsausdruck ist das trockene Lächeln, mit dem ein wohlgesetztes understatement quittiert wird. Die Engländer lieben Ironie und erwarten dasselbe von anderen. Zum Beispiel:

Sagt der eine Bergwanderer: „Laut Karte sind es nur 6 Meilen, aber dank deiner Führung mussten wir 10 Meilen laufen."

Antwortet der andere: „Ja, aber die 10 Meilen geben einem eher das Gefühl etwas geschafft zu haben."

Die Engländer lieben witzige Wortspiele – besonders alberne – und sie schließen die Komiker besonders ins Herz, die (mit unbewegter Miene) Witze wie diese abliefern:

„You know, somebody complimented on my driving today. They left me a little note on the windscreen, which said 'Parking Fine'. So that was nice."

„Heute hat mir jemand Komplimente für meine Fahrkünste gemacht. An der Windschutzscheibe habe ich einen Zettel gefunden, auf dem stand „Parking Fine" [was wahlweise „Strafzettel" bedeuten kann oder „gut geparkt"]. Das war doch nett."

„The police arrested two youths yesterday. One was drinking battery acid, the other was eating fireworks. They charged the first one and let the other one off."

„Die Polizei hat gestern zwei Jugendliche verhaftet. Einer hatte Batteriesäure getrunken, der andere Feuerwerkskörper gegessen. Den ersten haben sie angeklagt, den zweiten laufen lassen." [Bzw. wegen der Doppelbedeutung der Verben: „Den ersten haben sie aufgeladen, den zweiten gezündet."]

Two cannibals are eating a clown. One says to the other: „Does this taste funny to you?"

Zwei Kannibalen essen einen Clown. Sagt der eine zum anderen: „Findest Du, er schmeckt komisch?"

A man walked into the doctor´s surgery. The doctor said: „I haven´t seen you for a long time." The man replied: „I know, I´ve been ill."

Kommt ein Mann zum Arzt. Sagt der Arzt: „Ich habe sie schon lange nicht mehr gesehen." Der Mann antwortet: „Ja, ich war krank."

Gesundheit & Hygiene

Das englische Gesundheitssystem, das nahezu kostenlose Krankenhausaufenthalte und medizinische Versorgung erlaubt, sorgt dafür, dass die Engländer ihren Widerwillen ablegen, sich in fremde Hände zu begeben. Zwar mögen die Wartelisten lang sein, aber dank dieser Gesundheitsversorgung liegt die durchschnittliche Lebenserwartung von Männern bei 78 und von Frauen bei 82 Jahren.

>> **Während die Nachbarn vom Kontinent zum Frühstück süßes Gebäck mit Marmelade essen, greifen die Engländer zu Frühstücksflocken mit Ballaststoffen.**

Es gibt eine hartnäckige nationale Besessenheit. Die Franzosen sind von ihrer Leber fasziniert, die Deutschen von ihrem Magen, die Spanier von ihrem Blut, aber für die Engländer hat nichts davon eine solche Anziehungskraft wie der Darm.

Ein Tag, der nicht mit einem erfolgreichen Gang zur Toilette anfängt, beginnt auf dem falschen Fuß. Die Beschäftigung mit der Verdauung währt ein Leben lang. Während die Nachbarn vom Kontinent zum Frühstück süßes Gebäck mit Marmelade essen, greifen die Engländer zu Frühstücksflocken mit Ballaststoffen, die mit Namen wie ‚Force' oder ‚All Bran' (‚Reine Kleie') durchschlagenden Erfolg versprechen.

Mittel gegen Verdauungsbeschwerden beherrschen die Badezimmerregale und neben Senna-Tabletten stehen auch altmodische Hausmittel weiterhin hoch im Kurs. „*Carter´s Little Liver Pills*" versprechen Linderung für das durch Verstopfung erzeugte Unwohlsein, Feigensirup ist Abführmittel der Wahl für die ganze Familie. Aber für echte Traditionalisten geht nichts über den Vorgänger dieses Sirups, das gute, alte Rizinusöl, mit seinem widerlichen Geschmack und seiner gewaltigen Durchschlagskraft. Der Übereifer, eine Verstopfung (*„to be bound-up"*) zu behandeln kann sich gegenteilig auswirken und zu leichtem Durchfall (*„looseness"*) führen. Dafür gibt es natürlich auch eine ganze Reihe von entsprechenden Markenmedikamenten, die wieder für eine angemessene Festigkeit sorgen sollen.

> **>> Während die Engländer ihre Verdauung in heimischen Gefilden ganz gut im Griff haben, leiden sie im Ausland außerordentlich.**

Während die Engländer ihre Verdauung in heimischen Gefilden ganz gut im Griff haben, leiden sie im Ausland außerordentlich. Wegen des komischen Essens und Wassers im Ausland sind unerschrockene Reisende dauernd mit Problemen konfrontiert. Vom „*Delhi Belly*" („Delhi-Bauch") über „*Montezuma´s Revenge*" („Montezumas Rache") bis zum „*Aztec Quickstep*" („Aztekentanz") ereilen sie diese Probleme in den entlegensten Ecken der Welt.

Manche jonglieren ein Leben lang mit Abführmitteln und Mitteln gegen Durchfall, in der Hoffnung, eines Tages zu dem segensreichen Zustand der Kindheit zurückzukehren, als ein

Erwachsener wohlwollend das erste Tagesresultat im Töpfchen begutachtete. Leider ist dieses Fäkalparadies auf immer unerreichbar.

Kein Engländer kann jedoch dazu überredet werden, die Anwendung des bei anderen Europäern so beliebten und scheinbar allgegenwärtigen Zäpfchens auch nur in Betracht zu ziehen. Während die Franzosen damit sogar Kopfschmerzen behandeln, doktern die Engländer lieber mit Tränken und Trockenpflaumen herum.

Bei ernsthafteren Erkrankungen zeigen sich die Engländer als wahre Stoiker. „Tapferkeit im Angesicht des Feindes" lautet das Motto. Queen Victorias letzte Worte auf dem Sterbebett waren: „Ich fühle mich schon etwas besser..."

Hygiene

Was die Hygiene betrifft, halten es die Engländer eher traditionell. Duschen werden allmählich beliebter, aber in den meisten Haushalten herrscht doch die Badewanne vor. Hier suhlen sie sich fröhlich im eigenen Dreck, verdünnt mit warmem, seifigem Wasser. Der durchschnittliche Haushalt ver-

>> **Der durchschnittliche Haushalt verbraucht mehr Seife und Deodorants als in jedem anderen europäischen Land – und das will schon etwas heißen.**

braucht mehr Seife und Deodorants als in jedem anderen europäischen Land – und das, so glauben die Engländer, will schon etwas heißen. Denn, wie jeder Engländer weiß, legen andere Nationen, besonders die Franzosen, einfach mehr Parfüm auf, wenn sie anfangen zu riechen.

Essen & Trinken

Die Engländer waren schon immer wenig experimentierfreudig was Kulinarisches angeht und der Hang zum Traditionellen dominiert noch heute. Man bevorzugt die „gute, einfache Küche" und „etwas Ehrliches auf dem Teller". Das bedeutet umgekehrt natürlich, dass komplizierte, hübsch angerichtete Speisen weder gut noch ehrlich sind.

Der Schriftsteller Somerset Maugham notierte einst, dass man in England sehr gut essen könne, indem man einfach dreimal am Tag frühstückt. Obwohl das wunderbare, echte englische Frühstück – ein brutzelndes Festmahl aus gebratenem Schinkenspeck, Eiern, Würstchen, gegrillten Tomaten, Pilzen, Bohnen, Räucherheringen und so weiter – der Auffassung weichen musste, dass Pulverkaffee und Cornflakes gesünder seien, kann man es rund um die Uhr an Autobahnraststätten bekommen. Roastbeef, Lamm oder Schweinebraten mit Gemüse und gerösteten Kartoffeln sind für die Engländer erste Wahl und entsprechen ihrer Vorstellung von einem vernünftigen Essen. Bei allen anderen Gelegenheiten und wenn es an Inspiration mangelt, greifen sie auf „Baked beans auf Toast" zurück.

>> **Roastbeef, Lamm oder Schweinebraten mit Gemüse und gerösteten Kartoffeln sind die für die Engländer erste Wahl und entsprechen ihrer Vorstellung von einem vernünftigen Essen.**

Der Durchschnittsengländer verbraucht etwa 100 kg Kartoffeln im Jahr. Kartoffelbrei ist eine der drei unvermeidlichen Beilagen bei einer Mahlzeit. Kartoffeln gibt es natürlich auch als Knabberzeug aus der Tüte und als Pommes frites (*chips*): Fisch & Pommes frites, Burger & Pommes frites, Steak & Pommes frites, Wurst & Pommes frites, Eier & Pommes frites oder einfach Pommes frites mit Salz, Essig und Tomatensoße. Sie werden sogar als *„chip butties"* zwischen zwei Brötchenhälften mit Butter gestopft und genüsslich verzehrt.

Die Engländer lieben auch ihren *pudding,* also Nachtisch. Für die meisten ist eine Mahlzeit nicht komplett ohne einen Nachtisch, zum Beispiel: mit Marmelade gefüllte Biskuitrolle, Rhabarberstreuselkuchen, gedeckter Apfelkuchen, Pudding mit Sirup oder Erdbeertörtchen, alles traditionelle Köstlichkeiten direkt aus der Kühltruhe des Supermarktes. Die Leichtgläubigen sollten sich

》》 Die Leichtgläubigen sollten sich vor allem was als „Yorkshire" oder „black" pudding bezeichnet wird, hüten.

vor allem was als *„Yorkshire"* oder *„black" pudding* bezeichnet wird, hüten. Beides ist nicht, was es zu sein scheint. Das erste ist ein ausgebackener Teig, der zu Rinderbraten gegessen wird, beim zweiten handelt es sich um die gemeine Blutwurst.

Mit dem gestiegenen Interesse an ausländischem Essen hat sich auch die Auswahl erweitert. Aber wenn Engländer über ein Restaurant berichten, erzählen sie immer noch eher über die zügige Bedienung, die Größe der Portionen oder die Preise, bevor sie, wenn überhaupt, das Essen erwähnen.

Obwohl sich ihr Geschmack inzwischen weiterentwickelt hat, schätzen die Engländer immer noch das Sandwich. Und sie werfen ungern Reste weg. „Wäre schade es verkommen zu lassen", so die verbreitete Meinung. Während die Franzosen die Reste ihres Abendessens der Mülltonne übergeben, essen die Engländer ihre am nächsten Tag zu Mittag. Sie machen aus der Not eine Tugend und servieren alte, kalte Kartoffeln und Kohl angebraten als *bubble and squeak*.

Der englische Geschmack ist heimtückisch. Er greift auf alles über, was mit ihm in Berührung kommt. Nur in England würde ein indisches Restaurant Pommes frites mit Currysoße anbieten und nur die Engländer würden sie auch essen.

Der Pub

Beim Trinken geht es in England nicht hauptsächlich um die Flüssigkeit, die man zu sich nimmt. Beim Trinken geht es vielmehr um die Gesellschaft – selbst wenn man alleine trinkt.

In englischen Städten werden die Pubs inzwischen in Weinlokale oder „typisch irische" Pubs umgewandelt. Im Gegensatz dazu bleibt die Dorfkneipe, der *village pub,* wie seit Jahrhunderten eine Institution

>> **Der Pub ist das Zentrum des örtlichen Lebens**

in der Gemeinde. Der Pub besteht aus einer Bar und einem kleinen Restaurant oder *snug.* Er ist das Zentrum des örtlichen Lebens, eine Mischung aus Klubhaus, Bürgerberatungsstelle und Parlament. Klassenzugehörigkeit oder sozialer Status bleiben dort außen vor.

Das traditionelle englische *pint* (0,5683 l), welches vom Aussterben bedroht zu sein schien, erfreut sich einer Renais-

sance. Dank der Bemühungen der *„Campaigners for Real Ale"*
(„Aktivisten für echtes Ale", einer sehr englischen Vereini-
gung von Menschen, die sich für den Erhalt, die Förderung
und den Konsum traditioneller
Biersorten einsetzen) kann man
es vielerorts wieder bekommen
– ein Glas, randvoll mit unge-
kühltem, hopfigem Bier ohne Kohlensäure, handgezapft aus
einem Holzfass im Keller und in herrlichen regionalen und
lokalen Varianten.

》》 Es gehört sich einfach nicht, mit anderen zu trinken, ohne eine Runde zu spendieren.

Die Angewohnheit Runden auszugeben ist wahrscheinlich
für zwei Drittel des Umsatzes in englischen Kneipen verant-
wortlich. Es gehört sich einfach nicht, mit anderen zu trinken, ohne eine Runde zu spendieren. Der Vorteil ist, dass
immer nur eine Person die Gruppe verlassen muss, um sechs
Getränke zu holen, statt dass sich sechs Leute für je ein Ge-
tränk anstellen. Der Nachteil ist, dass es darauf hinauslaufen
kann, dass man sechs *pints* trinkt, obwohl man eigentlich nur
auf ein Bier hereinschauen wollte.

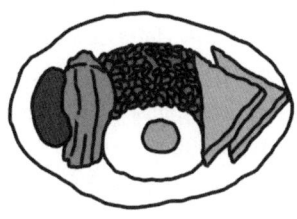

Kultur

Literatur

England ist als Heimat von Shakespeare, Milton, Byron, Dickens und Beatrix Potter bekannt. Allerdings ist die Kultur des heutigen England eigentlich stärker von Pop-Stars geprägt.

Dennoch ist Shakespeare, darin ist man sich einig, ein Held der Menschheit, ein Titan der Literatur, an dem sich alle Schriftsteller der Welt seit 400 Jahren messen lassen müssen. Die folgenden drei Namen unter den obengenannten werden in belesenen Haushalten geschätzt, am bekanntesten aber sind die Werke Beatrix Potters; denn während die anderen über Menschen schrieben, waren ihre Hauptfiguren Tiere.

>> Die Leiden eines King Lear, Coriolanus oder Othello regen zwar die Gebildeten intellektuell an, lassen emotional aber völlig kalt .

Eine Erwähnung von Peter Rabbit, Mrs. Tiggy-Winkle und Jeremy Fisher löst beim englischen Publikum eine unmittelbare Reaktion aus, wohingegen die Leiden eines King Lear, Coriolanus oder Othello zwar die Gebildeten intellektuell anregen, emotional aber völlig kalt lassen. Andere Nationen mögen erschauern, wenn Heinrich V. in Azincourt zu den Waffen ruft, oder mitfühlen, wenn Julia tränenreich ihren Romeo anfleht, doch das englische Publikum aller Altersklassen greift zu den Taschentüchern, wenn Jemima Puddleduck den Fuchs überlistet, den Hut zurechtrückt und, dem Kochtopf entgangen, einen weiteren sonnigen Tag erlebt.

Beatrix Potter dicht auf den Fersen ist A. A. Milne, der das Buch *Winnie-The-Pooh* (Pu der Bär) als Erwachsener für Erwachsene geschrieben hatte, das als Kinderbuch abgetan wurde und dennoch von vielen Erwachsenen ein Leben lang wieder und wieder gelesen wird.

Klassische Werke und eine breite Auswahl guter Bücher werden regelmäßig bei BBC Radio 4 gelesen und vorgestellt. Der Sender wird von vielen als die letzte Bastion des englischen Kulturerbes angesehen. Das Programm bietet außerdem noch sehr beliebte heitere Sendungen, in denen Engländer ihren Wortwitz gegeneinander ausspielen und mit dieser Wortkunst die Zuhörer unterhalten.

>> **Im Großen und Ganzen bekunden die Engländer ihre Wertschätzung gegenüber ihrem literarischen Erbe, indem sie es ignorieren.**

Im Großen und Ganzen bekunden die Engländer ihre Wertschätzung gegenüber ihrem literarischen Erbe, indem sie es ignorieren. Sie behandeln es so wie ihr bestes Teeservice: Es ist gut zu wissen, dass es da ist, aber man hebt es besser für einen besonderen Anlass auf.

Fernsehen

Wenn die Engländer mit „Kultur" in Berührung kommen, dann am ehesten durchs Fernsehen. Heutzutage beschweren sich viele Zuschauer, dass das Niveau der Sendungen gesunken ist, um massentauglich zu sein und, dass sich sogar die öffentlich-rechtliche BBC, die gar nicht auf Profit angewiesen ist, dem Quotenwahn gebeugt hat, wie er beim amerikanischen Fernsehen vorherrscht. Am peinlichsten für die Engländer ist aber, dass amerikanische Sendungen beliebter als ihre eigenen sind.

Auf allen Fernsehkanälen dominiert der Sport und es gibt einen harten Konkurrenzkampf um die Übertragungsrechte für die beliebtesten Veranstaltungen. Aber selbst die Engländer können nicht vom Sport alleine leben. Um den natürlichen Hang des Publikums zum Wettbewerb zu befriedigen, bieten die Sender eine Unzahl an Quiz- und Spielshows. Außerdem gibt es eine große Bandbreite an Nachrichtensendungen oder Talkshows und hin und wieder auch ein herausragendes Drama und oder eine Naturdokumentation aus eigener Produktion.

>> **Die Nation ist süchtig nach ihren soap operas.**

Das alles wird mit Komödien, Miniserien, Reality-Shows und Seifenopern aufgefüllt. Die Nation ist süchtig nach ihren *soap operas*. Man sagt, dass sogar die Queen „*Coronation Street*" schaut, vielleicht wegen des Namens (wörtlich: „Krönungsstraße" – das Vorbild für die „Lindenstraße").

Der Rest besteht aus alten Filmen, von denen die Engländer nie zuviel kriegen können. Sendungen, die dem intellektuelleren Teil der Gesellschaft gewidmet sind, werden spätnachts gezeigt, um der Mehrheit der Zuschauer möglichst wenig Unannehmlichkeiten zu bereiten.

Musik und Kunst

Man sagt, dass die Engländer zwar Musik nicht besonders mögen, wohl aber den Krach, den sie macht. Das beschreibt die Haltung der Engländer gegenüber so ungefähr allen Künsten sehr treffend. Sie sind im Allgemeinen dafür, solange sie nicht so viel darüber nachdenken müssen.

Sie tolerieren Ballett, wenn es denn „Schwanensee" oder der „Nussknacker" ist und Oper, solange sie melodiös ist wie „Carmen" oder „La Traviata". Abstrakte Kunst mögen sie nicht, diskutieren aber gerne darüber, wie sehr sie sie nicht mögen, und das in einem Ausmaß, dass zeitgenössische Künstler ihren Lebensunterhalt davon bestreiten können, kontrovers zu sein.

Die Engländer ziehen amerikanische Filme ihren eigenen vor. Trotzdem feiert jedes Jahr die obligatorische schrullig-britische Komödie um eine Gruppe Verlierer ihren Durchbruch. Während amerikanische Filme die Botschaft, dass jeder reich und berühmt sein sollte, propagieren, beansprucht England den Nischemarkt mit Filmen, in denen die Figuren alles andere als das sind und für die das Leben doch eher eine Enttäuschung ist. Kein anderes Land hätte Filme wie *„Brassed off"* oder *„The Full Monty"* („Ganz oder gar nicht") zu einem solchen Erfolg machen können. Keiner kann so schön versagen und dann darüber lachen.

Die einzige Kunstform, die bei den Engländern echte Gefühle auslöst, ist das Musical. Dafür greift das Publikum

》 Jedes Jahr feiert die obligatorische schrullig-britische Komödie um eine Gruppe Verlierer ihren Durchbruch. Keiner kann so schön versagen und dann darüber lachen.

gerne in die Tasche. Wenn Lloyd Webber auf Beatrix Potter trifft, ist der Laden gerammelt voll.

Die Presse

Obwohl die Engländer von Natur aus dazu neigen, sich um ihre eigenen Angelegenheiten zu kümmern, lieben sie Zeitungen, die es sich zum Ziel gesetzt haben, sich um die Angelegenheiten anderer zu kümmern. Die sensationellen Enthüllungen aus dem Privatleben einer angesehenen Persönlichkeit sind viel interessanter als echte Nachrichten.

>> **In England hat die Wahl der Zeitung etwas Identitätsstiftendes, man zeigt seine Haltung der Gesellschaft gegenüber.**

Einige der Sensationsblätter interpretieren Pressefreiheit als „frei von allem, was echten Nachrichten auch nur ähnelt", um die Auflagenzahlen zu erhöhen.

In England hat die Wahl der Zeitung etwas Identitätsstiftendes, man zeigt seine Haltung der Gesellschaft gegenüber und bekräftigt die eigene politische Position, wie in dieser etwas spöttischen Beschreibung zusammengefasst: *„The Independent"* wird von Leuten gelesen, die denken, sie sollten das Land regieren; der *„Guardian"* wird von Leuten gelesen, die denken, dass sie das Land regieren und die *„Times"* wird von den Leuten gelesen, die das Land eigentlich regieren. Die *„Financial Times"* wird von den Leuten gelesen, die das Land besitzen; *„The Daily Telegraph"* wird von den Leuten gelesen, die das Land vor 60 Jahren regiert haben und *„The Sun"* wird von Leuten gelesen, denen es egal ist, wer das Land regiert, solange die junge Dame auf Seite 3 hübsche Brüste hat.

Systeme

Öffentliche Verkehrsmittel

Die Engländer hegen einen geradezu masochistischen Stolz auf die Unzuverlässigkeit ihrer öffentlichen Verkehrsmittel. Jedes Jahr wird die Bahn von unerwarteten Phänomenen wie Herbst oder Winter wieder vollkommen überrascht.

Die Züge haben Verspätungen oder fallen aus, wegen so abwegiger Vorkommnisse wie Blätter auf den Gleisen oder Schnee. Sollte der Hinweis darauf kommen, dass Schnee in England nicht gerade ungewöhnlich ist, kommt als Erklärung, dass es „die falsche Art Schnee" sei.

Alles in allem sind die öffentlichen Verkehrsmittel eigentlich recht zuverlässig, aber die Engländer konzentrieren sich lieber auf das Negative. So kann man hören, die Busse kämen immer zu spät. Die einzige Ausnahme ist, wenn der Fahrgast einmal genau pünktlich an der Haltestelle ankommt: Dann ist der Bus garantiert zwei Minuten zu früh abgefahren. Die Engländer sind instinktiv pünktlich, aber es macht auch nichts, eine Viertelstunde zu spät zu kommen. Das wird automatisch den Verkehrsproblemen zugeschrieben, im Grunde erwartet es der Gastgeber sogar.

>> **Engländer sind instinktiv pünktlich, aber es macht auch nichts, eine Viertelstunde zu spät zu kommen.**

Die nicht ganz so freie Fahrt

Fast jeder über 17-Jährige hat entweder selbst ein Auto oder Zugang zu einem und benutzt es häufig, besonders für kurze

Strecken innerhalb der Ortschaft. Das führt zu enormen Verkehrs- und Parkproblemen in den Städten und zur totalen Verstopfung der Autobahnen.

Die Durchschnittsgeschwindigkeit ist inzwischen in bebauten Gebieten bei 17 Stundenkilometern angelangt – eine Geschwindigkeit, die vor hundert Jahren schon von einer Pferdekutsche übertroffen wurde. Statt als Anlass zur Kritik wird das eher als willkommene Rückkehr zur Tradition angesehen.

Die Probleme werden dadurch verdoppelt, dass man den zur Verfügung stehenden Platz durch Bauarbeiten halbiert. Fernstraßen sind unter Dauerbelagerung, die Strecken sind kilometerlang mit Flatterband und rotweißen Pylonen abgesperrt. Es bilden sich ganze Gemeinden aus Bauwagen mit temporären Büros, Toilettenhäuschen und eigenen Parkplätzen. Dazu kommen die anderen Handwerker, die Leitungen für Gas, Strom, Wasser, Telefon und Kabelfernsehen verlegen. Meistens geschieht das Ganze in Serie. Kaum hat der Letzte die Zelte abgebrochen, ist es schon wieder Zeit für die Straßenarbeiter anzurücken.

>> **Der Linksverkehr ist eine Tradition, also ist er für die Engländer unbestreitbar das Beste.**

Der Linksverkehr ist eine Tradition, also ist er für die Engländer unbestreitbar das Beste. Dieser Brauch stammt aus einer Zeit, in der Pferde das Hauptfortbewegungsmittel waren und man sich links hielt, um den Schwertarm zur Verteidigung frei zu haben. Heutzutage streckt man den rechten Arm aus dem Fenster, um die hilfreichen Hinweise, die man anderen Fahrern gibt, mit Gesten zu veranschaulichen.

Im Großen und Ganzen sind die Engländer ziemlich gesittete Fahrer. Sie sind sparsam im Umgang mit der Hupe und gewähren häufig anderen Fahrern die Vorfahrt. Sie beachten Straßenschilder genau und warten an Fußgängerampeln, selbst wenn kein Fußgänger in Sicht ist. Sollten sich welche nähern, treten sie quietschend auf die Bremse und warten geduldig, bis diese die Straße überquert haben. Das überrascht Fußgänger aus dem Ausland, die es gewohnt sind, sich auf dem Bürgersteig zu bekreuzigen, bevor sie wie Kaninchen über die Straße huschen.

>> **Die Bezeichnung public schools ist ein netter, kleiner Scherz der Engländer, denn es handelt sich eigentlich um Privatschulen.**

Eine gute Erziehung

Die Aufgabe des englischen Bildungssystems besteht darin, die Kinder zu beschäftigen und den Eltern die Freiheit zu verschaffen, sich mit wichtigeren Aufgaben zu beschäftigen, als ihre Kinder zu hüten.

Die beste Möglichkeit dafür ist es, die Nachkommen zur *public school* zu schicken, wenn man es sich denn leisten kann. (Die Bezeichnung *public schools,* also öffentliche Schulen, ist ein netter, kleiner Scherz der Engländer, denn es handelt sich eigentlich um Privatschulen, die mit ihren hohen Gebühren dafür sorgen, dass sie auch privat bleiben und die Öffentlichkeit draußen bleibt). Hier können die Kinder für Monate untergebracht werden. Dies sei, so glauben die Eltern, gut für ihren Charakter – aber die Kinder kommen schnell dahinter, dass es noch besser für die Eltern ist.

Die echten öffentlichen Schulen (also „öffentlich" im Sinne von „öffentlich"), die staatlich finanzierten, kostenlosen Schulen halten die lieben Kleinen nur für ein paar Stunden am Tag von der Straße fern. Sie scheinen keinem anderen erkennbaren Zweck zu dienen: Es findet dort nur wenig Erziehung statt und wenn, dann wohl mehr aus Versehen.

> **In den staatlichen Schulen findet nur wenig Erziehung statt und wenn, dann wohl mehr aus Versehen.**

Diese Schulen zeichnen sich durch einen Mangel an Lehrern, Ausstattung und Räumlichkeiten aus – und nicht zuletzt durch einen Mangel an Schülern, die vernünftigerweise den Unterricht schwänzen.

Verbrechen, Strafe & Gesetz

Englische Streifenpolizisten *(bobbies)* werden in Filmen als zugängliche, jederzeit ansprechbare Diener des Gemeinwesens dargestellt, die immer eine höfliche Antwort geben. Erstaunlicherweise trifft das weitgehend zu. Wenn sie nicht zu einer Spezialeinheit gehören, tragen sie keine Schusswaffe und ihre Anwesenheit auf der Straße dient hauptsächlich der Prävention. Allerdings sind sie weder harmlos noch naiv und gehen mit Sprechfunkgerät, Schutzweste, Reizgas und einem ninjamäßigen Teleskopschlagstock ausgestattet auf Streife.

Die offiziellen Zahlen der Kriminalstatistiken sind ermutigend. Unter 5 % der englischen Erwachsenen werden Opfer von Diebstählen und unter 2 % Opfer von Gewalt. Die Dunkelziffer für nicht angezeigte Verbrechen ist allerdings weniger beruhigend. Diese deutet darauf hin, dass zum Beispiel ein Drittel der Opfer von Diebstählen, Einbrüchen und Vandalismus sich nicht die Mühe macht, das Verbrechen anzuzeigen, weil sie denken, die Polizei wäre entweder nicht interessiert oder könne sowieso nichts bewirken, selbst wenn sie interessiert wäre.

Das Hauptaugenmerk der heutigen Polizeiarbeit liegt auf der Prävention von Verbrechen, wobei den Überwachungskameras an öffentlichen Plätzen großer Erfolg zugeschrieben wird. Allerdings haben die Täter ein genauso großes Interesse an der Prävention von Verhaftungen. Ein Beispiel dafür ist die Polizeiaktion, die in Romford, Essex,

>> **Das Hauptaugenmerk der heutigen Polizeiarbeit liegt auf der Prävention von Verbrechen. Allerdings haben die Täter ein genauso großes Interesse an der Prävention von Verhaftungen.**

durchgeführt wurde, bei der jeder wegen Ladendiebstahl Verurteilte für 12 Wochen aus der Stadt verbannt wurde. Die Methode zeigte Wirkung, die Anzahl der Verstöße halbierte sich. Das waren gute Neuigkeiten für Romford, leider aber schlechte für das benachbarte Upminster – dort, so berichteten die Händler, hätten sich die Ladendiebstähle verdoppelt.

Gefängnis

Bei der Verurteilungsquote von Kriminellen ist England ebenfalls erfolgreich, sogar so sehr, dass die Nation zu viele Gefangene hat. Die überfüllten und bröckelnden Gefängnisse sind an der Belastungsgrenze. Reformen, wie die Installation von Toiletten in den Gefängniszellen, die dem morgendlichen Eimerleeren ein Ende setzte, haben zwar zu einer Verbesserung der Zustände beigetragen, aber die Überfüllung bleibt. Hin und wieder werden die englischen Gefängnisse offiziell für voll erklärt. Als dieses das letzte Mal passierte, wurden ungenutzte Schiffe als Gefängnisschiffe herangezogen – das kam längst vergessen geglaubten Zeiten so gefährlich nahe, wie moderne Befindlichkeiten es gerade noch gestatteten.

>> **Das englische Rechtssystem ist ein großes Durcheinander, welches sich über die Jahrhunderte angesammelt hat.**

Ein weiteres Problem ist, dass die Engländer sich nicht darüber einigen können, welchen Zweck ein Gefängnis erfüllen soll: Soll es dazu dienen Übeltäter aus dem Verkehr zu ziehen, soll es sie ändern oder ist der Sinn, dass es ihnen dort möglichst schlecht geht? Die Öffentlichkeit befürwortet die „möglichst-schlecht"-Option und reagiert ungehalten auf Berichte darüber, dass ein Täter in einem vielbeachteten Fall mit Sozialstunden davongekommen ist, dass Gefängnisse wie Luxushotels seien oder dass Drogen im Gefängnis leichter erhältlich seien als draußen.

Das Rechtssystem

Das englische Rechtssystem ist ein großes Durcheinander, welches sich über die Jahrhunderte angesammelt hat. Es gibt kein Gesetzbuch wie das von Napoleon in Frankreich, weil die Engländer einen Napoleon nicht eine Sekunde geduldet hätten. Das englische Gesetz, wie auch etliche andere Teile des Lebens, basiert auf Präzedenzfällen. Jede Entscheidung richtet sich danach, wie etwas schon vorher einmal gehandhabt worden ist.

Ein englischer Anwalt wird sich nicht auf „das Gesetz" berufen. Stattdessen wird er in etwa folgendes sagen: „Nun ja, der Parlamentsbeschluss von 1767 besagte X, aber 1923 sagte ein Richter Y, deshalb komme ich zu dem Standpunkt Z."

Jeder Angeklagte in einem Kriminalfall hat das Recht, dass sein Fall vor einem Schöffengericht – als Gleicher unter Gleichen – verhandelt wird. Das ist die Basis des *Common Law* – des nicht kodifizierten englischen Gewohnheitsrechts. In solchen Fällen muss die Schuld bewiesen werden, ohne dass nachvollziehbare Zweifel bleiben. Sonst gilt der Angeklagte als unschuldig (oder wenigstens als

> **›› Die Engländer finden, dass die Unschuldsvermutung zeigt, was für ein sympathischer, vertrauensseliger Haufen sie sind.**

nicht im rechtlichen Sinn schuldig). Die Engländer finden, dass die Unschuldsvermutung zeigt, was für ein sympathischer, vertrauensseliger Haufen sie sind. Das ist aber auch schon alles, was die meisten über ihr Gesetz wissen (oder wissen wollen); der Rest ist für den Durchschnittsbürger undurchschaubar.

Vor Gericht wird das Gesetz wie in einem Theaterstück, komplett mit historischen Kostümen, ausgefochten, in dem das Gericht, die Schuldigen und die Unschuldigen mit Wahrheit und Lüge jonglieren, in dem mutigen Bestreben, entweder dem einen oder dem anderen auf den Grund zu gehen; um dann, falls dem Angeklagten eine Schuld zweifelsfrei nachgewiesen werden konnte, über eine Strafe zu entscheiden, die dem Verbrechen angemessen erscheint. Es ist der ganze Stolz des englischen Rechtssystems, dass dies sogar manchmal geschieht.

Die Regierung

Die Verfassung

Die Engländer möchten gerne glauben, dass sie mit ihrer Zustimmung regiert werden. Sie brauchen das Gefühl, Herr über ihr eigenes Schicksal zu sein. Sie reagieren widerwillig auf jegliche Form von Kontrolle und halten an der Wunschvorstellung fest, dass sie diese ausschließlich auf freiwilliger Basis akzeptieren.

>> **Die englische Verfassung basiert auf einer Ansammlung von Bräuchen, Konventionen und Gesetzen, was bedeutet, dass alles ist, wie es ist, weil es schon immer so war.**

Die englische Verfassung, die das Fundament für die britische Verfassung bildete, als sich die verschiedenen Teile des Vereinigten Königreiches zusammenschlossen, besteht hauptsächlich in mündlicher Überlieferung. Sie basiert auf einer Ansammlung von Bräuchen, Konventionen und Gesetzen, was bedeutet, dass alles ist, wie es ist, weil es schon immer so war.

Es gibt kein Gegenstück zur amerikanischen *Bill of Rights*, in der die grundlegenden Rechte der Bürger festgehalten sind. Die Engländer sagen, sie brauchen keins. Sie verteidigen energisch die „traditionellen Freiheiten eines Engländers", aber da auch diese nirgendwo niedergeschrieben wurden, weiß keiner so genau, worum es sich dabei handelt. Auf jeden Fall sind alle uneingeschränkt dafür, was immer sie sein mögen.

Während andere Länder ihren Bürgern genau definierte Rechte einräumen, gehen die Engländer großzügig davon aus, dass sie das Recht haben, alles zu tun, was nicht ausdrücklich verboten ist. Letztendlich, so die Logik, bietet eine Liste von Dingen, die verboten sind, fantasievollen Menschen genügend Spielraum, andere Dinge zu ersinnen, bei denen der Gesetzgeber noch nicht darauf gekommen ist, sie für illegal zu erklären. Wenn man jedoch eine Liste von Dingen hat, die erlaubt sind (wie in Amerika), gibt dies dem Gesetzgeber eine Menge Spielraum, Gründe dafür zu finden, um Menschen einzusperren.

>> **Die Engländer nehmen an, dass sie das Recht haben, alles zu tun, was nicht ausdrücklich verboten ist.**

Die Monarchie

Entgegen der allgemeinen Auffassung, dass es eine unglaublich teure Angelegenheit ist, eine Monarchie zu unterhalten, kostet die königliche Familie jeden Bürger des Vereinigten Königreiches pro Jahr nur ungefähr den Gegenwert eines Schokoriegels – ein Schnäppchen im Vergleich zu den Kosten, die für einen Präsidenten anfallen.

Der jeweilige Monarch ist nicht nur Oberhaupt des Volkes, sondern auch das Oberhaupt der Kirche und nominell Oberhaupt der Regierung. Auf dem Umschlag des Steuerbescheides steht *„On Her Majesty´s Service"* („Im Auftrag Ihrer Majestät"), und sogar die Post ist königlich. Nur Großbritannien leistet sich Briefmarken, auf denen lediglich der Kopf der Monarchin abgebildet ist, ohne Angabe des Ursprungslandes.

》 Der Respekt gegenüber der Krone hat nachgelassen.

Das liegt daran, dass das System, die Postgebühren durch im Voraus bezahlte Briefmarken zu entrichten, eine englische Erfindung ist – und die Engländer hatten schließlich noch nie Zweifel an ihrer Identität.

Der Respekt gegenüber der Krone hat zwar, besonders bei der jüngeren Generation, nachgelassen, aber im Vergleich zu allen denkkbaren Alternativen ist die Monarchie immer noch sehr beliebt.

Die Regierung

Es mag merkwürdig erscheinen, aber England hat gar keine eigene Regierung. Es teilt sich eine Regierung mit Nordirland, Schottland und Wales – alle unter der Flagge Großbritanniens.

Die Idee der *checks and balances,* also der gegenseitigen Kontrolle und Balance der Kräfte zwischen dem Kabinett als Exekutive und den zwei Kammern, dem *House of Lords* (Oberhaus) und dem *House of Commons* (Unterhaus) als Legislative, wurde von den Engländern erfunden. Inzwischen haben sie dieses oft kopierte und weltweit bewunderte System aber weitgehend aufgegeben. Jetzt liegt die Macht fast ausschließlich in den Händen des Premierministers, der das Kabinett nominiert. Wenn seine Partei eine Mehrheit im Unterhaus hat, hat er die Kontrolle darüber, statt umgekehrt. Er kann auch die sogenannten *peers,* die Mitglieder des Oberhauses nominieren. Früher stellte das *House of Lords* ein gewisses unberechenbares Element dar, da Adelige ihren Sitz vererben konnten und damit der Kontrolle des Premierministers entzogen waren. Aber ein Großteil von ihnen wurde im Namen

>> **Die Öffentlichkeit protestierte gegen die Abschaffung der Erbfolge im House of Lords, weil es einen Eingriff in die Tradition bedeutete.**

der Demokratie ausgeschlossen – mit dem Ergebnis, dass jetzt sehr viele *peers* vom Premierminister ernannt werden, was mit wirklicher Demokratie auch nichts zu tun hat.

Die Abschaffung der Erbfolge im *House of Lords* traf innerhalb des Oberhauses wie auch außerhalb auf Widerstand. Die Öffentlichkeit protestierte, weil es einen Eingriff in die Tradition bedeutete. Die erblichen *peers* protestierten auch, aber weniger wegen des Verlusts der Stimmrechte, sondern weil sie dadurch die Mitgliedschaft bei einem hervorragenden Club einbüßten.

Die Kommunalverwaltung ist in Händen eines komplexen Netzes von Gemeinderäten, die zu 80 % von der Zentralregierung finanziert werden – die restlichen 20 % stammen aus lokalen Steuern. Dieses 80/20-Verhältnis spiegelt die Machtverhältnisse zwischen Zentral- und Lokalregierung in Bezug auf die Lokalpolitik gut wider.

Der einzige echte Einfluss, den die Wähler ausüben, besteht in der Wahl, welche der beiden großen Parteien den Premierminister stellt. Der Premierminister bestimmt dann alles Weitere. Das ist wohl die wahre Bedeutung der „traditionellen Freiheiten eines Engländers" – bei dem „Engländer" handelt es sich eben um den Premierminister!

Politik

Das gemeine Volk weiß, dass Politiker ihre eigenen Interessen verfolgen und man ihnen nicht trauen kann; dennoch wird von einem Minister oder einer Ministerin erwartet, dass er oder sie ein Ausbund an Tugend ist – und wenn sich das als unmöglich erweist, das Richtige tut, nämlich zurücktritt.

>> **Die politische Szene wird von zwei Parteien beherrscht, die einfach Labour und Conservative heißen.**

Das Parlament repräsentiert das Volk auf eine sehr englische Art – es mag keine Veränderungen. Die Politiker gehen ihrer Arbeit mit viel historischem Pomp und zum Teil in entsprechender Gewandung in einem Gebäude nach, das im 19. Jahrhundert in einem Stil erbaut wurde, der es 400 Jahre älter aussehen lässt.

Die politische Szene wird von zwei Parteien beherrscht, die keine aufgeblasenen Namen wie „Republikaner", „Demokraten", „Solidaritätspartei" oder ähnliche haben, sondern einfach „*Labour*" und „*Conservative*" heißen. Es ist ein kleiner englischer Scherz, dass die *Labour Party,* die sog. „Arbeiterpartei", jetzt eher die Mittelklasse als die Arbeiterklasse repräsentiert und dass sie eher einen Hang dazu hat, Dinge zu konservieren, als die Konservativen – welche derzeit diejenigen sind, die die Dinge ändern wollen. Es spielt keine Rolle, was die ehemals auch wichtige Partei der Liberalen Demokraten will (auch in einer Koalition), weil sie kaum Chancen hat, dies zu erreichen.

Bürokratie

Die Engländer sehen Bürokratie und den damit verbundenen Papierkrieg als notwendiges Übel. Aber natürlich halten sie ihre eigene Bürokratie, wie auch vieles andere in England, für die beste der Welt – und mit Sicherheit um Lichtjahre voraus im Vergleich zu allem, was das restliche Europa zu bieten hat.

>> **Man hat allgemein das Gefühl, dass Methoden, die nicht aus England stammen, nicht vertrauenswürdig sein können.**

Geschäftsleben

Aufgrund ihres angeborenen Widerstandes gegen Veränderungen ist es keine Überraschung, dass die Engländer hinter anderen Industrienationen zurückliegen, was die Ausgaben für Forschung und Entwicklung betrifft. Sie kommen besser als andere Nationen damit zurecht, alles auf die althergebrachte Art und Weise zu machen. Man hat allgemein das Gefühl, dass Methoden, die nicht aus England stammen, nicht vertrauenswürdig sein können. Also testen und diskutieren, untersuchen und beobachten die Engländer diese ausgiebig, bis sie sich auf einen Testlauf einlassen.

Sich Durchwurschteln

Die Engländer sind stolz auf ihre Fähigkeit sich durchzuwurschteln *(to muddle through),* das heißt, zu handeln, ohne sich groß um Disziplin oder Planung zu kümmern. In der Vergangenheit sind sie mit dieser Methode gut zurechtgekommen und die Lehren der Vergangenheit sind schließlich die einzigen, denen sie Beachtung schenken.

Das Geschäftsleben ist von der Leidenschaft für Demokratie geprägt. So gut wie alle Entscheidungen werden von Gremien beschlossen. Wann immer man versucht jemanden zu erreichen, heißt es, er oder sie sei „in einer Besprechung". Den Engländern ist Konsens wichtiger als eine pragmatische Entscheidungsfindung; ein Kompromiss, mit dem alle leben können, wird der objektiv besten Vorgehensweise vorgezogen.

》》 Unternehmen sind überwiegend traditionell organisiert, nämlich vertikal von der Chefetage oben bis zum kleinsten Angestellten unten.

Unternehmen sind überwiegend traditionell organisiert, nämlich vertikal von der Chefetage oben bis zum kleinsten Angestellten unten. Man zeigt Vorgesetzten gegenüber Respekt, bekundet Gleichgestellten gegenüber Freundschaft und pflegt eine leichte Verachtung gegenüber Untergebenen.

Eine Studie unter Universitätsabsolventen zeigt, dass diejenigen, die auf Privatschulen gegangen sind, noch immer die besser bezahlten Jobs bekommen als ihre Zeitgenossen, die die staatlichen Schulen besucht haben. Das traditionelle *old boy network,* die Seilschaften aus den Privatschulen, mag angeschlagen sein, aber es existiert noch.

Die von den Engländern gehegte Ansicht, dass sie härter als alle anderen arbeiten, wurde durch einen Bericht erschüttert, nach dem die Deutschen durchschnittlich 44,9 Wochenstunden arbeiten, die Italiener 42,4 und die Engländer 42 Stunden. Die Engländer wiesen darauf hin, dass sowohl die Deutschen als auch die Italiener längere Ferien haben und sowieso die Qualität und nicht die Quantität zählt. Unverzüglich begannen Diskussionen über die Möglichkeit, eine Arbeitsgruppe zur Überprüfung der Qualität der Arbeitsleistung zu bilden.

Pünktlichkeit

Die Engländer bewundern Pünktlichkeit und streben sie sehr wohl an, verfehlen sie dann aber doch häufig. Die Zeit kann in sehr kleinen Schritten bemessen werden: *Half a mo* („Momentchen") ist kürzer als *just a sec* („Sekunde…"), aber nicht so kurz wie *in a tick* („Augenblick"). Auf der anderen Seite kann *hang on a minute* („warte mal eine Minute") bis zu fünf oder sechs Minuten bedeuten und mit *give me five minutes* („gib mir fünf Minuten") sind normalerweise ungefähr fünfzehn Minuten gemeint.

>> **„Hang on a minute" bedeutet bis zu fünf oder sechs Minuten und mit „give me five minutes" sind normalerweise ungefähr fünfzehn Minuten gemeint.**

Die öffentlichen Uhren erfreuen sich an den demokratischen Freiheiten in einem Land voll sturer Individualität und geben jeweils ihre eigene Schätzung von der gleichen Viertelstunde wider.

Befehle befolgen

Genauso wie ein Engländer das Gesetz nur befolgt, wenn er möchte, folgt er auch Befehlen nur, wenn er will. Daher müssen Befehle mit einem solchen Grad von Höflichkeit und Indirektheit erteilt werden, dass viele andere Nationen sie gar nicht als solche verstehen würden. Wenn also ein Vorgesetzter eine „Bitte" äußert, sollte man sie als Befehl verstehen. Auch umgekehrt wird man, wenn man selbst einen Befehl als Bitte um einen Gefallen formuliert, das gewünschte Ergebnis erzielen. Sollte man aber einen Befehl als Befehl ausdrücken, ohne Wahlmöglichkeit, wird man feststellen, dass die Engländer lieber erst einmal Teepause machen.

>> **Obwohl die Engländer außerordentlich stolz auf ihre Sprache sind, nutzen die meisten Leute nur einen Bruchteil davon.**

Die Sprache

Für die Engländer ist Sprache weit mehr als ein Kommunikationsmittel – sie ist ein kulturelles Erbe, das zur Schau gestellt und geschätzt und um seiner selbst willen bewundert wird.

Obwohl sie außerordentlich stolz auf ihre Sprache sind, nutzen die meisten Leute nur einen Bruchteil davon (und das häufig schlecht). Das *Complete Oxford Dictionary* besteht aus 23 Bänden und enthält über 500.000 Wörter. Im Vergleich dazu hat die deutsche Sprache ungefähr 185.000 Wörter und die französische weniger als 100.000. Shakespeare hatte einen aktiven Wortschatz von 30.000 Wörtern (von denen er manche selber erfunden hatte) – doppelt so groß wie der eines modernen, gebildeten Engländers. Die meisten Engländer kommen mit einem Vokabular von ungefähr 8000 Wörtern aus – genauso viel, wie die *King James Bible* von 1611 enthielt.

Englisch diente am Anfang unterschiedlichen Volksstämmen als einfaches Hilfsmittel zur Verständigung, ohne sich mit so lästigen Sachen wie der Beugung von Verben oder persönlichen Fürwörtern abzugeben. Das Geheimnis des internationalen Erfolges dieser Sprache liegt darin, dass sie allen anderen Sprachen Respekt gezollt hat und Teile von ihnen übernommen hat. Ein kluger Kopf sagte: „Die englische Sprache lockt andere

》》 Auch andere Sprachen leihen sich Wörter, aber das Englische ist darin Weltmeister.

Sprachen in eine dunkle Gasse und beraubt sie dann all ihrer guten Wörter." Zum Beispiel: *pyjamas* stammt aus dem Urdu, *nosh* („Fressalien") aus dem Jiddischen, *sofa* aus dem Arabischen, *waltz* („Walzer") aus dem Deutschen, *cinema* aus dem Griechischen, *caravan* aus dem Persischen, *bog* („Moor/Klo") aus dem Gälischen, *shampoo* aus dem Hindi, *nitwit* („Dummkopf") aus dem Holländischen, *liaison* aus dem Französischen und *anorak* aus dem Inuit. Auch andere Sprachen leihen sich Wörter, aber das Englische ist darin Weltmeister. Bezeichnenderweise kann man in keiner anderen Sprache auf so vielfältige Weise ein und dasselbe sagen.

Einerseits sind die Engländer stolz auf ihre sich traditionell immer wieder ändernde Sprache, andererseits haben sie prinzipiell etwas gegen Veränderung – bis sie sich daran gewöhnt haben und es dann zum *standard english* erklären. Sie diskutieren lebhaft über die Schreibweise und den korrekten Gebrauch von Wörtern *(compare to, compare with)* oder die Aussprache *(controversy, harass).* Es ist ein Spiel, das die Engländer ernst nehmen.

Mittlerweile ist Englisch für die Kommunikation, was Microsoft für die Computerwelt ist: unvermeidlich. Die Franzosen mögen darauf beharren, dass die Entscheidung, Englisch als Verkehrssprache in der Luftfahrt zu verwenden (z. B. das englische phonetische Alphabet mit Bravo, Foxtrot, Golf, Oscar, …) vorläufig ist „bis zur Entwicklung und Implementierung einer geeigneteren Kommunikationsweise", aber trotzdem setzt Englisch seinen Höhenflug fort. Eine Milliarde Menschen benutzen es, 80 % der Kommunikation im Internet findet auf Englisch statt, 75 % der weltweiten Post ist auf Englisch geschrieben und rund 200 Millionen Chinesen lernen es gerade in diesem Augenblick. Indien hat mehr englische Muttersprachler als England selbst. Das Raumschiff Voyager 1 hat in den Weiten des Weltraums, jenseits des Sonnensystems, eine Botschaft der Vereinten Nationen im Auftrag von 147 Ländern an Bord – auf Englisch.

》》 Bald wird es für Engländer möglich sein, die ganze Welt zu bereisen, ohne sich wiederholen oder lauter sprechen zu müssen, um verstanden zu werden.

Bald wird es für Engländer möglich sein, die ganze Welt zu bereisen, ohne sich wiederholen oder lauter sprechen zu müssen, um verstanden zu werden. Das ist eine Aussicht, bei der sie sich – um es mit einem Wort zu sagen, für das es in keiner anderen der rund 2700 Sprachen oder Kulturen der Welt eine exakte Entsprechung gibt – *comfy* (wohl, behaglich, heimelig) fühlen.

Konversation

Ausweichen

Eine gesellige Unterhaltung mit Engländern nennt man *chatting* (ein Schwätzchen halten, plaudern). Wenn man ein Schwätzchen hält, redet man nicht über Themen wie Kunst, Politik, Tod, Literatur, Arbeit oder irgendetwas woran man tatsächlich glaubt. Man spricht über Ferien, Tiere, das Wetter,

>> **Man spricht über Ferien, Tiere, das Wetter, Sport oder darüber, wie furchtbar die Leute in der anderen Ecke des Raumes sind.**

Sport oder darüber, wie furchtbar die Leute in der anderen Ecke des Raumes sind.

Weil die Engländer plaudern, um ernsthafte Themen zu vermeiden, haben sie ein verwirrendes Arsenal an Metaphern entwickelt, mit denen jeder vertraut ist und mit denen jeder sich wohlfühlt. Dazu gehören beschönigende Umschreibungen zur verbalen Vermeidung unangenehmer Themen. Zum Beispiel sterben die Engländer nicht, sondern *they pass over, pass on, pop off, kick the bucket, give up the ghost, or snuff it* (etwa: dahinscheiden, abnippeln, den Löffel abgeben, den Geist aufgeben, abkratzen). Wenn sie sich erleichtern müssen, heißt es: *they spend a penny, wash their hands, answer a call, powder the nose, have to use the facilities* (sich die Hände waschen, telefonieren, die Nase pudern, mal müssen) oder einfach *go* (gehen).

Großes Engagement zeigen die Engländer darin, die Unterhaltung mit einem reichhaltigen Repertoire an abgedroschenen Phrasen in Gang zu halten oder damit den eigenen Abgang zu entschuldigen. Weil ihnen die Banalität dieser Phrasen selbst etwas peinlich ist, bezeichnen sie sie abschätzig mit dem französische Wort *clichés*. Sich von einem *cliché* zum anderen hangelnd kann sich der geübte Nutzer geschickt davor drücken, zu irgendeinem Thema Stellung zu beziehen.

>> **Ohne das Gesprächsthema Wetter würden sich keine zwei Engländer je kennenlernen.**

Das englische Wetter

Ohne das Gesprächsthema Wetter würden sich keine zwei Engländer je kennenlernen. Bemerkungen über das Wetter, sich darüber zu beklagen, sich daran zu erfreuen oder darüber zu spekulieren, ist die Gesprächseröffnung schlechthin, ohne die ein weiterer Austausch niemals in Gang käme.

Wie die Einwohner Englands ist auch das Wetter unvorhersehbar. Die geographische Lage des Landes macht es zum Spielball von plötzlichen Veränderungen in der Atmosphäre, was die Planung von Outdooraktivitäten ungemein erschwert. Die Bevölkerung hat natürlich schon Hunderte von Jahren mit dieser Situation gelebt, aber da sie selbst nicht zu Extremen neigt, ist sie jedes Mal von Neuem von extremen Wetterbedingungen überrascht.

Aber obwohl ein später Frost mühsam gehegte Pflanzen zerstört und Wolkenbrüche im Hochsommer bei Dorffesten Teezelte wegfegen, dienen diese Wetterphänomene nach Ansicht der Engländer einem höheren Zweck, nämlich sie mit Gesprächsstoff zu versorgen: *Nippy, isn´t it?* (Etwas frisch, nicht wahr?), *They say it'll be sunny tomorrow* (Morgen soll es sonnig werden), *Looks like we´re in for a cold snap* (Sieht aus, als hätten wir einen Kälteeinbruch)

>> Wenn man endlich den Unterschied zwischen scattered showers, showery outbreaks und intermittent rain erkennen kann, weiß man, dass man es geschafft hat.

und so weiter. Ob *bracing, parky, muggy, breezy, crisp, chilly, fresh* (erfrischend, kühl, schwül, windig, klar, frostig, frisch) – jedenfalls wird die Wetterlage immer um mindestens zehn Grad untertrieben dargestellt.

Wenn man dann endlich den Unterschied zwischen *scattered showers* (vereinzelten Schauern), *showery outbreaks* (schauerartigen Regengüssen) und *intermittent rain* (zeitweiligem Regen) erkennen kann, weiß man, dass man es geschafft hat: Man hat den Zustand der totalen *Englishness* erreicht!

The End

Die Autoren

Antony Miall (†) wurde im *Lake District* geboren, wanderte aber im Alter von 9 Monaten Richtung Süden ab, um seine Kindheit in Royal Tunbridge Wells, Kent, zu verbringen, wo er reichlich Gelegenheit hatte, die Engländer in ihrer typischsten Art zu studieren.

Er verbrachte sein Leben gefahrlos im Süden, in greifbarer Nähe zu Frankreich, was ihm sehr entgegenkam, da er immer das Gefühl hatte, den Ansprüchen des Englischseins nicht ganz genügen zu können. Unter anderem hatte er Schwierigkeiten mit den Themen Unbequemlichkeit und Mäßigung. Trotzdem musste er zugeben, dass er, als Leibeigener seiner beiden Katzen, der typisch englischen Tradition der Haustieranbetung gefolgt war. Er erinnerte sich immer gern an die Zeit, als er für eine PR-Abteilung Wasserbetten für sensible Hunde bewarb.

David Milsted, ein typischer nicht reinrassiger Engländer (in seinem Fall ein Viertel Schotte mit einer Spur Wikinger), wurde im Süden geboren, später verschlug es ihn in den Norden, wo er fünfzehn Jahre auf verschiedenen schottischen Inseln verbrachte, bevor er mehr oder wenig zufällig in Dorset landete, wo er mit seiner Partnerin, seinen vier Söhnen und zwei Stiefsöhnen eine zu 0,75 % typisch englische Familie bildet.

Früher Lehrer, Feuerwehrmann und Postbote ist er jetzt hauptberuflich Schriftsteller, Lektor und Redakteur mit gelegentlichen Ausflügen zum Rundfunk. Er hat vier Romane veröffentlicht und eine Anzahl von Fachbüchern wie *Brewer´s Anthology of England and the English* und *The Cassell Dictionary of Regrettable Quotations.*

Dank an Ben Barkow, Ken Hunt und John Winterson Richards für ihre klugen Ideen und Beiträge

Was mir noch aufgefallen ist ...

Die Engländer ...

_____

_____

_____

_____

_____

_____

_____

_____

_____

_____

Poste ein Bild von diesen Seiten auf Instagram unter #fremdenversteher
#reiseknowhow oder auf Facebook/Reise Know-How oder schick uns
eine Mail an fremdenversteher@reise-know-how.de

Was mir noch aufgefallen ist ...

In England ...

_____

_____

_____

_____

_____

_____

_____

_____

_____

_____

_____

Poste ein Bild von diesen Seiten auf Instagram unter #fremdenversteher #reiseknowhow oder auf Facebook/Reise Know-How oder schick uns eine Mail an fremdenversteher@reise-know-how.de

Was mir noch aufgefallen ist ...

Du weißt, dass Du in England bist, wenn ...

_____

_____

_____

_____

_____

_____

_____

_____

_____

_____

_____

_____

_____

_____

_____

_____

_____

_____

_____

_____

_____

_____

Poste ein Bild von diesen Seiten auf Instagram unter #fremdenversteher #reiseknowhow oder auf Facebook/Reise Know-How oder schick uns eine Mail an fremdenversteher@reise-know-how.de

Außerdem von REISE KNOW-HOW:

Außer den Fremdenverstehern gibt es von REISE KNOW-HOW
viele Bücher rund ums Reisen und für die weite Welt.

Reiseführer

Mehr wissen, mehr sehen, mehr erleben:
Die kompletten Reisehandbücher für fast
alle touristisch interessanten Länder und
Gebiete. Seit 35 Jahren Antworten auf alle
praktischen Fragen von A bis Z, dazu Hintergründe, Geschichte und Geschichten.

CityTrip

Die handlichen, praktischen Stadtführer mit
Faltplan und Web-App für den individuellen
Kurztrip. Erhältlich für alle Metropolen und
die schönsten Reiseziele, aber auch für viele
kleinere Städte, die noch zu entdecken sind.

Kauderwelsch-Sprachführer

Die Kauderwelsch-Familie umfasst neben dem handlichen Sprachführer auch den dazu passenden AusspracheTrainer (mp3-Download oder Audio-CD). Kauderwelsch-Sprachführer bieten mehr als ein reines Phrasenbuch: Die knappe Einführung in die Grammatik, die Wort-für-Wort-Übersetzungen und das Wörterverzeichnis helfen, sich schnell in der neuen Sprache zu orientieren und sie bald selbst anzuwenden. Auch gut für Auffrischer.

KulturSchock

Die Bände in der Reihe KulturSchock sind so etwas wie die großen Brüder der Fremdenversteher. Sie stellen fundiert Hintergründe dar, erklären Verhaltensweisen und bieten Orientierungshilfe im Reisealltag. Insbesondere für alle empfohlen, die sich beruflich, als Reisende oder wegen familiärer Verbindungen länger in einem anderen Land aufhalten.

**... und vieles mehr auf
www.reise-know-how.de**

„Die Franzosen mögen es, wenn sich die Regierung in ihr Leben einmischt. [...] der Staat ist Frankreich (wie Kochen, Wein, Frauen, das Landleben, Paris, Kultur, Kinder, Freiheit-Gleichheit-Brüderlichkeit und ihr angeborenes Recht, auf dem Zebrastreifen zu parken)."

„Die meisten Nationen betrachten die Niederländer als organisiert und effizient – ähnlich den Deutschen, nur nicht so beeindruckend. [...] Die Bäume in der Landschaft sind in Linien gepflanzt und die schwarz-weißen Kühe sind in ordentlichen kleinen Gruppen arrangiert."

„Japaner sind von Haus aus gesellig – Individualität und Egoismus sind genauso willkommen wie ein Sumoringer, der sich am Büffet vordrängelt. [...] In Japan möchte sich jeder von allen anderen unterscheiden und zwar auf genau die gleiche Art."

„Es muss an einem unbewussten Masochismus liegen, dass die Italiener es aufrichtig genießen, wenn man ihre Fehler hervorhebt. [...] Allerdings wird keine Kritik je so ernst genommen, dass man sich etwa veranlasst sähe, Gegenmaßnahmen zu ergreifen."

„Aus schwedischer Perspektive sind die Unterschiede zwischen den nordischen Ländern gravierend. Dänemark ist horizontal, Norwegen ist vertikal, Island schmilzt weg, Finnland ist ein Labyrinth und Schweden ist atemberaubend idyllisch."

„Die USA sind ein Land, in dem sich einst Abenteurer, religiöse Fanatiker und Außenseiter niederließen (eine demographische Mischung, die sich in den letzten 400 Jahren kaum geändert hat)."

In der Reihe „Die Fremdenversteher" sind bisher erhältlich:

So sind sie, die Amerikaner	ISBN 978-3-8317-2870-1
So sind sie, die Engländer	ISBN 978-3-8317-2872-5
So sind sie, die Franzosen	ISBN 978-3-8317-2873-2
So sind sie, die Isländer	ISBN 978-3-8317-2875-6
So sind sie, die Italiener	ISBN 978-3-8317-2876-3
So sind sie, die Japaner	ISBN 978-3-8317-2877-0
So sind sie, die Niederländer	ISBN 978-3-8317-2874-9
So sind sie, die Österreicher	ISBN 978-3-8317-2878-7
So sind sie, die Polen	ISBN 978-3-8317-2879-4
So sind sie, die Schweden	ISBN 978-3-8317-2880-0

Alle Titel haben 108 Seiten und kosten 8,90 € (in Deutschland). Außerdem sind alle Titel auch als E-Book verfügbar, jeweils in den Formaten epub und mobi (für Amazon kindle).